타오르는 믿음, 재가 된 시대

왈도파 교회와 종교개혁 당시 개신교 박해의 역사

타오르는 믿음, 재가 된 시대

에미디오 캄피, 박상봉

왈도파 교회와 종교개혁 당시 개신교 박해의 역사

크리스천 르네상스

빛이 어둠에 비추다 Lux lucet in tenebris(왈도파 문장)

서문

이미 850년 전에 시작되었던 왈도파의 역사는 긴 박해 속에서도 말로 다 표현할 수 없는 인내 가운데 자신이 추구했던 고유한 신앙의 확신을 끝까지 유지한 것으로 특징지어진다.

요한복음 1장 5절 "빛이 어둠을 비치되 어둠이 깨닫지 못하더라"는 이렇게 역사적으로 증명된 왈도파의 신앙적 정체성을 알려주는 표어이다. 이 말씀을 상징적으로 표현한 왈도파의 문장에는 "빛이 어둠에 비추다"(Lux lucet in tenebris)라는 각인된 글씨와 함께 촛불과 일곱 별이 새겨져 있다. 촛불은 어둠을 비추는 세상의 빛이신 예수님을 나타낸다. 그 주위의 일곱 별은 요한계시록에 기록된 일곱 교회(계 1:16)를 나타내는데, 모든 환란 속에서도 복음에 신실하게 머물러 있는 세상의 모든 교회를 의미한다.

현재 왈도파 교회는 왈도파 문장과 함께 하나님이 인도하신 길로써 자신의 오랜 역사를 이해할 뿐 아니라, 자신의 미래도 하나님의 약속 아래 두고 있다.

에미디오 캄피 Emidio Campi

에미디오 캄피 교수와 박상봉 교수

***

　많은 사람들이 기독교의 역사 속에서 신앙박해를 초대교회의 사건으로만 이해하고 있다. 하지만 신앙박해는 이 땅에 예수 그리스도가 오신 때부터 지금까지도 지속되고 있는 사건이다. 특별히, 16세기 종교개혁 시대에 잔혹한 신앙박해가 있었다고 하면 놀라는 사람들이 많다.

　주후 64년부터 313년까지 로마제국의 길고 모진 박해가 있었다. 7세기에 이슬람이 등장한 이래로 소아시아에서 박해가 있었고, 십자군 원정이 실패하면서 그 지역에서 기독교는 거의 소멸하였다. 1453년 콘스탄티노플이 오스만 제국의 메흐메트 2세에 함락되면서 그 주변의 여러 지역도 이슬람의 통치 아래 들어갔다. 1526년 모하치 전투에서 오스만 투르크가 요르시 2세가 이끄는 헝가리 군대를 물리치면서 동유럽의 많은 교회들이 핍박을 받았다. 헝가리에서 "이슬람의 통치자 아래서 신자들은 어떻게 살아야 하는가?"라는 질문이 종교개혁 당시 동유럽 교회의 가장 중요한 질문이기도 하였다.

　중세 시대부터 로마가톨릭교회가 타락하면서 교회의 개혁을 외쳤던 여러 인물들이 등장하였다. 이로 인하여 16세기 종교개혁 전야에 교황주의자들이 바른 신앙을 외치는 사람들을 핍박하였다. 얀 후스, 존 위클리프 등이 대표적이다. 하지만 이미 그들 전에 최초의 개신교도라고 불리는 페트루스 발데스(Petrus Valdes)가 있었다. 특별히, 그의 가르침을 따랐던 후예들은 '왈도파'라는 낙인이 찍힌 채 지금까지 850년 역사를 유지해 오면서 거의 650년 넘게 극심한 박해 아래 있었다.

　16세기 종교개혁 당시 수많은 지역에서 로마가톨릭교회의 종교재판으로 개신교도들이 수난을 당했다. 종교개혁이 공론화된 이래로 프랑스, 잉글랜드, 이탈리아, 스페인 등에서 신앙박해는 최정점에 이르렀다. 수많은 개신교도들이 감옥에 투옥되거나 광장에서 화형당하고, 삶의 터전을 버리고 신앙난민들로 정처 없이 떠돌아야 했다. 물론, 16세기 중엽에 네덜란드 같은 지역에서도 극심한 신앙박해가 있었다는 것은 기억될 필요가 있다.

이 책은 왈도파의 고난과 종교개혁 당시 프랑스, 잉글랜드, 이탈리아, 스페인에서 박해를 받았던 개신교도들의 고달픈 삶을 다루고 있다. 로마가톨릭교회의 종교재판을 통해서 자행된 박해와 관련하여 박해의 원인, 박해의 결과, 박해받은 신자들의 행적 등을 역사적으로 소개한 것이다. 사실, 여기에서 다룬 시공간적인 범위는 매우 넓다. 왈도파 역사는 12세기부터 최근까지 여정을 주요 사건별로 다루었다. 그리고 종교개혁 당시 네 나라에서 발생한 신앙박해는 1520년대 초부터 1570년대 초까지 다루었다. 잔혹한 박해뿐 아니라, 그 박해를 피해 낯선 땅에서 신앙난민으로 살았던 왈도파와 개신교도들의 삶을 투박하게 그려냈다.

왈도파 역사와 종교개혁 당시 발생한 신앙박해에 대한 광범위한 소개는 한국 교회에서 처음으로 이루어진 것이다. 이 주제에 대한 기획은 2023년 10월 23-27일 합동신학대학원대학교에서 열린 '종교개혁 기념주관 해외석학 초청강좌'를 통해서 이루어졌다. 스위스 취리히 대학교의 은퇴 교수인 에미디오 캄피(Emidio Campi)는 왈도파 후예로서 처음으로 한국 교회에 왈도파를 소개하였다. 캄피 교수의 제자인 필자는 종교개혁 당시 박해로 발생한 신앙난민들의 힘든 현실을 강의하였다. 이때 소개는 되지 않았지만, 종교개혁 당시 네 나라에서 벌어진 박해에 대한 후속 연구를 이 책에 함께 실었다.

    이 '종교개혁 기념주관 해외석학 초청강좌'를 위해 많은 분이 헌신해 주셨다. 모든 면에서 적극 지원해 주신 합동신학대학원대학교 김학유 총장님과 교수님들, 경제적으로 도움을 주신 예수비전교회 도지원 목사님, 현산교회 최덕수 목사님, 수원천성교회 김두열 목사님, 그리고 번역과 통역으로 수고해 주신 김진수 교수님과 이남규 교수님께 진심으로 감사드린다. 그밖에 여기에서 이름을 다 밝히지 않은 분들에게도 감사의 마음을 밝힌다.

    이 책이 나오기까지 도움을 주시고 출판을 위해 기꺼이 헌신해 주신 정영오 장로님께도 진심으로 감사드린다. 당연히, 이 소중한 책이 나오도록 편집을 담당한 분들에게도 감사를 잊을 수 없다.

박상봉

타오르는 믿음,

서문 • 05

I 왈도파와 고난의 역사 (저자: 에미디오 캄피)

  1 왈도파 신앙운동과 종교개혁 참여 (번역: 박상봉) • 15
    (1) 왈도파의 기원과 확산 • 19
    (2) 왈도파의 종교개혁 참여 • 27
    (3) 종교개혁 시대의 왈도파 박해 • 32

  2 박해 아래 왈도파 교회 (번역: 이남규) • 41
    (1) 1655년 대학살 – '피에몬테 부활절' • 42
    (2) 1685년 운명의 해 • 53
    (3) 1689년 '영광스러운 귀환' • 55

  3 왈도파 교회의 새로운 여정 (번역: 김진수) • 61
    (1) 알프스 계곡의 추방과 남부 독일의 정착 • 61
    (2) 왈도파 신앙난민들의 지역 편입 • 68
    (3) 왈도파의 현재 • 73
    (4) 현대 왈도파 교회의 특징 • 75

재가 된 시대

II 16세기 종교개혁과 박해 아래 교회 (저자: 박상봉)

1 종교개혁과 신앙박해 • 85

(1) 종교개혁 시대의 박해 원인 • 86

(2) 프랑스, 잉글랜드, 이탈리아, 스페인에서 일어난 박해 • 97

프랑스 위그노에 대한 박해 • 97 / 잉글랜드에서 메리 튜더의 박해 • 113

박해 아래 이탈리아 개신교도들 • 122 / 스페인의 종교재판 • 131

(3) 박해의 역사가 교훈하는 것 – '목숨보다 귀한 믿음' • 143

2 종교개혁과 신앙난민 • 149

(1) 종교개혁 시대의 박해받는 사람들의 피난처 – '제네바' • 151

(2) 제네바에 온 신앙난민들 • 155

(3) 제네바에 세워진 난민교회 • 158

프랑스 난민공동체 • 158 / 잉글랜드 난민교회 • 161

이탈리아 난민교회 • 165 / 스페인 난민교회 • 170

(4) 제네바에서 신앙난민들의 활동 • 174

(5) 신앙난민이 교훈하는 것 – '하나님의 영광' • 186

I
왈도파와 고난의 역사

에미디오 캄피

1

왈도파 신앙운동과 종교개혁 참여

번역: 박상봉

종교개혁의 역사는 엄밀히 말하면 1517년 마틴 루터(Martin Luther)가 비텐베르크(Wittenberg) 성당의 정문에 '95조 반박문'을 게시한 것으로부터 처음 시작된 것은 아니다. 로마가톨릭교회를 변화시키려고 시도했던 개혁운동은 이미 수백년 전부터 있어 왔다. 16세기 종교개혁은 중세 시대로부터 시작된 유럽 전역의 신앙적 열망이 화려하게 꽃핀 것으로 이해할 수 있다.

중세 시대에 교회의 갱신을 시도했던 다양한 신앙운동은 한편으로 이탈리아에서 '아씨시의 프란치스코'(Franziskus von Assisi)를 따른 사람들처럼 로마가톨릭교회의 제도 안에 머물러 있으면서 (교황으로부터) 인정받는 수도회로 남았다. 하지만 다른 한편으로 로마가톨릭교회로부터 분리되어 이단으로 정죄된 알비파 혹은 카타르파(Albigenser oder Katharer)처럼 잔혹하게 핍박받기도 하였다. 이러한 배경 속에서 12세기에 교회의 갱신을 이끌었던 특별한 공동체가 긴 시간 동안 모진 현실을 견디며 살아남았다. 프랑스 리옹에서 페트루스 발데스(Petrus Waldes)를 따랐던 평신도 신앙공동체인 '왈도파'(Waldenser)이다.

1532년 종교개혁에 참여한 이래로 왈도파는 한 교파적 특징을 가진 '왈도파 교회'(Waldenser Kirche)로 변모하였다.¹ 더 이상 지하에서 활동하는 신앙공동체가 아닌 개신교의 한 공적인 일원이 된 것이다. 현재 왈도파 교회는 유럽과 남아메리카에 150여 개의 교회와 40,000여 명의 신자들을 구성하고 있다. 먼저, 유럽에는 왈도파 교회의 총회가 위치한 이탈리아를 중심으로 25,000여 명의 신자들이 활동 중이다. 이 중에 (필자가 살고 있는) 스위스에는 7개 교회에 600여 명의 신자들이 공동체를 이루고 있다. 다음으로, 남아메리카에는 아르헨티나와 우루과이를 중심으로 15,000여 명의 신자들이 왈도파 교회에 출석 중이다. 이렇게 볼 때, 왈도파 교회는 세계에서 가장 작은 기독교 교파에 속해 있지만, 그러나 개신교 중에서 가장 오래된 교회로서 자랑스러운 역사를 지속하고 있다.²

많은 사람이 이미 왈도파에 대한 여러 가지 이야기들을 들었을 것이다. 하지만 놀라운 점은 왈도파의 기원과 복잡한 역사에 관한 내용이 매우 부분적으로 소개되어 있다는 사실이다. (필자는) 태어날 때부터 왈도파였고, 지금까지 신앙고백에서도 왈도파의 한 사람이다. 특별히, 한국 교회에 지금까지 거의 알려

---

1   Cameron (1984), The Reformation of the Heretics; Audisio (2007), Preachers by Night; Benedetti – Cameron (2022), Companion to the Waldenses in the Middle Age; Tasca (Hg.) (2024), Nuova Storia dei Valdesi, Bd.1: Medioevo. Umfassende Darstellungen in deutscher Sprache, die den neuesten Stand der Forschung reflektieren: Molnár (1993), Die Waldenser; De Lange (2000), Die Waldenser; Tourn (2006), Geschichte der Waldenser; Carpanetto – Fratini (2020), Valdesi. Die digital zugängliche bibliografia-valdese.com/index.php erfasst sämtliche Literatur zur Waldenserforschung.

2   Naso (Hg.), (2024), Nuova Storia dei Valdesi, Bd.4: Età contemporanea.

지지 않은 '왈도파 신앙운동'을 소개할 수 있어서 매우 기쁘다. 그리고 종교개혁사와 근대교회사를 가르치는 역사신학자로서 이 소중한 주제를 다루게 되어 행복하다. 왜냐하면 왈도파에 관한 주제는 최근 몇 년 이래로 교회사 연구에서 주목받고 있기 때문이다.[3]

이 글은 왈도파가 긴 시간 동안 겪었던 박해와 그로 인해 발생한 신앙난민(신앙망명)의 힘겨웠던 역사를 심층적으로 조망한 것이다. 즉, 유럽에서 벌어진 왈도파와 관련된 사건들을 다각적인 시각으로 소개하면서 단순한 역사적 사실을 넘어 그의 고난과 인내를 생생하게 전달하려는 것이다. 16세기 종교개혁 시대에 극심한 박해를 받았던 프랑스 위그노와 왈도파 사이에 가장 중요한 차이점은 시간의 간격이다. 중세 시대부터 19세기 중반까지 왈도파는 수 세기에 걸쳐 지속적으로 가해진 온갖 박해를 견뎌내야 했다. 그리고 왈도파의 망명은 종교적으로 동기가 부여된 신자들이 한 지역에서 다른 지역으로 옮겨가는 일률적 과정이 아니었다. 오히려, 박해를 피해 어느 지역에서는 일시적으로 머물기도 하고, 어느 지역에서는 오래 정착하기도 하며, 때로 상황이 나아지면 다시 고향으로 돌아오기도 하는 매우 복잡한 여정이었다. 왈도파의 역사는 단순한 박해의 기록을 넘어 어떠한 고난과 역경 속에서도 꺾이지 않는 인간의 존엄성과 믿음의 힘을 보여 주는 숭고한 증거이다.

---

[3] Asche(2010), Hugenotten und Waldenser; Schilling(2010), Die frühneuzeitliche Konfessions-migration; De Lange (2010), Reformierte Konfessionsmigration: Die Waldenser; Lotz-Heumann(2012), Reformierte Konfessionsmigration: Die Hugenotten; Niggemann(2019): Christliche Konfessionsmigration.

보름스 종교개혁 기념동상의 발데스

(1) 왈도파의 기원과 확산

'왈도파'는 어디에서 기원되었을까? '왈도파'라는 이름은 중세 시대로부터 시작된 것이다. 1170년 프랑스 리옹 출신의 부유한 상인이었던 페트루스 발데스로부터 시작된 평신도 신앙운동을 상징한다.[4] 친한 친구의 갑작스런 죽음으로 영적 위기를 겪은 후에 발데스는 복음에 따라서 살겠다고 하나님께 서원하였다. 그는 먼저 모든 재산을 정리하여 그가 없이도 자신의 가족이 살아갈 수 있는 방도를 세웠다. 그 후에 그는 가족을 떠나 복음을 증거하는 일에 전적으로 헌신하였다. 이를 위해 남은 재산은 라틴어로 된 복음서 일부를 프랑스 지역 방언으로 번역하는데 지출하였고, 가난한 사람들을 위한 자선단체를 설립하는 데도 사용하였다.

1174년 이래로 — 지금으로부터 850년 전에 발데스는 성경을 자국어로 읽고 해석할 수 있는 평신도의 권리에 깊은 관심을 가졌다. 그리고 자신을 따르는 사람들과 함께 가난하게 살아가는 순회 제자들로서 복음을 증거하며 방랑생활을 자처하였다. 그 당시에 사제가 아닌 평신도는 성경도 읽을 수 없었고, 설교도 할 수 없었다. 그럼에도 불구하고 발데스와 그의 동역자들은 성경에 등장하는 예수님의 제자들처럼 길 위에서 큰 소리로 복음을 외쳤다. 그들의 새롭고 전례 없는 평신도 신앙운동은 사제들과 정치인들에게 강한 반감을 갖게 하였다. 하지만 평민들과 하층민들에게는 큰 반향(反響)을 불러일으켰다. 이 신앙운동과 관련하여 매우 흥미로운 점은, 발데스와 그의 동역자들

---

[4] Merlo (2010), Valdo.

은 아씨시의 프란치스코보다 40년 앞서 '그리스도의 가난한 사람들'(Armen Christi)로 불렸다는 사실이다. 그들을 반대하는 사람들은 '시민 발데스를 따르는 사람들'이라고 조롱하는 의미에서 그들에게 '왈도파'라는 낙인을 찍었다.

왈도파는 신앙운동 초기에 로마가톨릭교회와의 단절을 의도하지 않았다. 오히려, 초대교회의 모습으로 돌아가기 위해 교회가 스스로 갱신하기를 기대하였다. 1179년 '제3차 라테란 종교회의'(III. Laterankonzil)에서 왈도파는 역사 전면에 처음으로 등장했지만 자유롭게 설교할 수 있는 권리는 허락받지 못하였다. 그리고 1184년 '베로나 종교회의'(Konzeil von Verona)에서 교황 루치우스 3세(Lucius III)는 《다양한 사악한 이단을 근절하기 위하여》(Ad abolendam diversam haeresium pravitatem)라는 교령을 통하여 '그리스도의 가난한 사람들'이 설교하는 것을 공적으로 금지시켰다. 더 이상 길 위에서 사람들을 향해 복음을 외칠 수 없게 된 것이다. 그 후로 왈도파는 리옹의 대주교를 반대한 불순종의 죄목으로 그 도시로부터 추방되었을 뿐 아니라 이단으로도 정죄되었다. 물론, 당시 로마가톨릭교회의 복잡한 상황 속에서 이단 판결은 별다른 효력을 발휘하지 못했기 때문에 생명의 위협은 받지 않았다. 하지만 왈도파는 리옹에 계속 머물 수는 없었다. 프랑스 남부지역과 이탈리아 북부지역으로 거주지를 옮겨야 했다. 앞으로 수백년 동안 지속될 난민생활의 시작이었다.

1214년부터 로마가톨릭교회와의 갈등은 더욱 심화되었다. 왜냐하면 그리스도의 가난한 사람들이 프란치스코 수도회와는 반대로 교황과 사제들에게 절대적 순종을 거부했기 때문이다. 1215년에 열린 '제4차 라테란 종교회의'(IV. Laterankonzil)에서 교황 인노센트 3세(Innozent III)는 최종적으로 왈도파의 신앙운동을 이단

인노센트 3세(동판화)

으로 정죄하고 출교시켰다. 그리고 1230년부터 왈도파는 종교재판을 통하여 극심한 박해를 받게 되었다. 이 때문에 일부 왈도파 사람들은 스위스, 독일 남부와 서부 지역들, 브란덴부르크, 포메라니아, 오스트리아, 보헤미아, 모라비아, 헝가리 등 유럽 여러 지역으로 피난을 떠났다.

  왈도파 신앙운동의 첫 세기에 관하여 우리가 알 수 있는 지식은 극히 미미하다. 이단으로 출교 되었을 때 왈도파는 생존을 위한 투쟁에 들어설 수밖에 없었다. 이때는 자신의 정체를 숨겨야만 목숨을 부지할 수 있었기 때문이다. 첫 박해의 시대에 왈도파는 다른 사람들이 자신의 정체를 알 수 없도록 '이중적 삶'을 살았다. 외적으로는 가톨릭 신자처럼 살았는데 어느 정도 안정된 삶을 보장받았다. 그리고 내적으로는 비밀리에 신앙활동을 계속하였다. 특별히, 왈도파의 지도자들은 공동체의 유지를 위해 지하에서 신자들을 위한 사역을 실행하였다. 즉, 교육을 받은 남성들(과 일정 시기 동안 여성들)이 여러 곳에 흩어져 있는 왈도파 사람들을 순회방문하며 목회적 돌봄을 펼친 것이다. 각 가정을 직접 심방하면서 왈도파 신앙이 지속될 수 있도록 관리하고 돌보았다. 이 목회적 돌봄을 통해서 대안적 교회가 비밀리에 형성되었고, 미래에도 견고히 유지될 수 있는 신앙의 토대가 마련되었다. 이 지도적인 역할을 감당하는 사람들은 왈도파의 설교자들로서 '바르바'(Barba, 삼촌)으로 불렸다.

  왈도파의 신앙적인 특징을 알려주는 논쟁적인 글들, 설교들, 교훈적이고 혹은 교리적인 저술들은 현재 유럽의 다양한 도서관들에 흩어져 있다.[5] 이 필사본들 안에서 왈도파는 활동 초

---

5 Benedetti (2006), Il "santo bottino"

'바르바' 사역을 그린 목판화

기부터 자신의 구성원들에게 광범위한 신앙교육을 실시했다는 사실을 알 수 있다. 왈도파의 믿음과 행위에 대한 근본적인 원리가 산상수훈에 기초하고 있다는 것도 확인된다. 처음 등장 때부터 왈도파는 평신도들도 설교할 수 있는 권리를 주장하였다. 그리고 남자와 여자를 막론하고 모두가 설교할 수 있어야 한다는 것도 밝히고 있다. 로마가톨릭교회가 인정하지 않은 세례를 독자적으로 베풀었고, 주님의 십자가 죽음을 기념하는 의미에서 성찬식도 거행하였다. 성경을 문자적으로 따랐고, 봉건주의 질서의 중요한 요소인 '맹세'는 비성경적인 것이므로 따르지 않았다. 성경에 없는 연옥을 믿지 않았으므로 당연히 죽은 자들을 위한 미사, 성인숭배, 유물숭배 등도 거부하였다. 중세 시대로부터 연유된 이러한 미신들은 면죄부 판매와 관련하여 로마가톨릭교회에 경제적으로 큰 수익을 안겨 준 실질적인 수입원이었는데 왈도파는 거짓된 것들로 규정한 것이다.

예를 들어, 처음 1200년대에 작성된 왈도파 신앙고백서의 한 종류인 『고귀한 가르침 *Nobla Leyçon*』이 지금도 존재한다.[6]

> 우리가 그리스도를 사랑하고,
> 그분의 가르침을 알기 원한다면,
> 우리는 깨어 있어야 하고 또 성경에서 배워야 합니다.
> 우리가 성경을 읽으면,
> 우리는 그리스도께서 선을 행하신 것 때문에,
> 그분이 고난을 받았다는 것을 알 수 있습니다.
> […]
> 하나님을 경외하는 것 때문에
> 핍박을 받는 사람은 위로를 얻을 것입니다.
> 왜냐하면 세상을 떠난 후에
> 천상이 그에게 열리기 때문입니다.
> 그는 천상에서 부끄러움 대신
> 큰 영광을 얻게 될 것입니다.
> […]
> 나는 감히 이 사실을 고백할 수 있고,
> 사람들은 이것이 진리임을 알게 될 것입니다.
> 새해 전야부터 지금까지 모든 교황, 모든 추기경,
> 모든 주교 그리고 모든 수도원장이 온 힘을 모은다고 해도,

---

[6] Kritische Edition des Originaltexts in okzitanischer Sprache mit italienischer Übersetzung in: Papini (2003), La nobile lezione / La Nobla Leiçon, S. 83, 294-298; S. 91, 383-386; S. 95, 418-429. Deutsche Übersetzung: https://glaubensstimme.de/doku.php?id=autoren:w:waldenser: waldenser_aus_der_nobla_leyczon_die_edle_unterweisung (1845).

그들은 큰 죄를 지은 사람에게 그 죄가 용서되었다고
어느 누구에게도 말할 수 있는 권세를 가지고 있지 않습니다.
오직 한 분 하나님만이 죄를 용서하실 수 있으며,
어느 누구도 죄를 용서할 수 없습니다!
이와 반대로 목회자의 의무는 기도하고, 신자들에게 설교하며,
하나님의 말씀을 가르치고, 선한 교훈과 함께 죄인들을 권징하며,
진지한 권면을 통해서 참회하도록 경고하는 것입니다.

대략 300년 후에 루터와 쯔빙글리는 발데스와 왈도파 사람들과 똑같이 이러한 사상을 강조하였다.

이 『고귀한 가르침』은 로마가톨릭교회의 미움을 사게 되었다. 새로운 연구에 따르면, 1215년 스트라스부르크에서 화형된 80명의 이단들은 아마도 모두가 왈도파였을 것으로 추측한다. 그리고 1231년 유럽에 최초로 종교재판소가 설치되었을 때 왈

1215년 왈도파 이단의 화형(1665년, 그림)

도파는 이단으로 규정되어 힘든 신앙의 싸움을 감당해야 했다. 수많은 박해의 위협 속에서 지속적으로 생존 문제를 고민할 수 밖에 없었다.

첫 번째 대규모 박해가 13세기 중반에 왈도파를 덮쳤다. 두 번째 박해는 14세기 초에 더욱 잔혹하게 엄습했는데, 왈도파는 이단 색출이라는 거대한 파고를 견뎌야 했다. 그 결과로, 오스트리아 빈에서 11명이 사형선고를 받았다. 독일 브란덴부르크와 폴란드 스테틴에서 열린 악명 높은 종교재판은 400여 명을 이단 혐의자들로 판결하여 온갖 고초를 겪게 만들었다. 그 후에 1399년 스위스 베른과 프리부르크에서 180여 명은 종교재판에서 왈도파의 신앙과 무관하다는 사실을 맹세하고 풀려날 수 있었다.

이러한 상황 속에서 남프랑스와 북이탈리아의 여러 지역에 흩어져 살았던 왈도파 사람들은 두 나라의 국경에 위치한 코티

해발 1,400 - 3,400m 지대의 코티안 알프스 계곡

안 알프스(Cottian Alps) 계곡(도피네와 피에몬테)으로 이주하였다. 하지만 이처럼 사람이 접근하기 힘든 알프스 산맥의 거주지에도 그림자처럼 따라다니는 종교재판관들을 피할 수 없었다. 당연히, 시간과 지역을 초월하여 왈도파에 대한 종교재판은 끝없이 이루어졌다. 종교재판을 통한 끊임없는 핍박은 왈도파 사람들의 숫자를 감소시켰고, 그들의 거주지는 사람이 살기 힘들 정도로 파괴되었다. 종교개혁 전야에 일부 왈도파 사람들은 생존을 위해 알프스 산맥을 넘어서 유럽 곳곳으로 숨어들었다. 물론, 왈도파의 큰 무리는 여전히 코티안 알프스 계곡에 잔존하였다. 그리고 왈도파의 작은 공동체들은 남프랑스 뤼베롱과 남이탈리아의 풀리아와 칼라브리아에서 그 명맥을 유지하였다. 중세 후기의 박해는 직간접적으로 왈도파의 존재를 유럽의 많은 사람들에게 알리는 계기가 되었다.

(2) 왈도파의 종교개혁 참여

16세기 종교개혁은 유럽에서 종교적 지형을 근본적으로 변화시켰다. 특별히, 이 여파는 외딴 지역인 알프스 산맥의 왈도파 거주지까지 밀려들었다. 물론, 왈도파가 루터와 쯔빙글리를 직접적으로 접촉했다는 의미는 아니다. 하지만 1530년에 왈도파는 자신의 특사들을 베른, 바젤, 스트라스부르크로 보내 기욤 파렐(Guillaume Farel), 요하네스 외콜람파디우스(Johannes Oecolampadius) 등과 만나게 하였다. 왈도파 특사들은 스위스 종교개혁자들과 교리, 경건, 윤리에 대한 몇 가지 근본적 주제들에 관하여 질문한 것으로 알려져 있다.

스위스 종교개혁자들과 성경적이고 신학적인 대화를 통해서 왈도파 특사들은 종교개혁에 지대한 관심을 갖게 되었다. 당시 베른에서 활동하고 있었던 파렐은 왈도파가 맨 처음 접촉했던 인물이다. 그리고 제네바에서 종교개혁이 도입된(본격화된) 후에는 가장 중요한 대화 상대가 되었다. 왈도파가 종교개혁에 참여하는 문제는 논쟁이 될 수밖에 없는 사안이었다. 왈도파 바르바(설교자)들은 로마가톨릭교회가 종교개혁을 이단으로 규정한 것 때문에 자연스럽게 설립된 개신교로의 전환과 관련하여 중세적인 신앙운동의 종말을 직감했다. 이는 발데스의 '그리스도의 가난한 사람들'의 옛 이상과 단절을 의미하는 것이다. 대부분의 바르바들은 종교개혁과 개혁파 교회의 참여를 통해서 선조들의 소망을 충족시킬 수 있다고 보았다. 하지만 소수의 바르바들은 왈도파의 전통을 잃는 것과 관련하여 반대입장을 나타냈다.

이 어려운 문제를 해결하기 위해 왈도파는 1532년 여름에 첫 번째 왈도파 총회를 소집하였다. 멀리 떨어져 있는 풀리아와 칼라브리아의 바르바들도 의무적으로 참석시켰다. 1532년 9월 12-18일에 코티안 알프스 안그로냐 계곡(Cottian Alps valley of Angrogna)의 찬포란(Chanforan)에서 첫 번째 왈도파 총회가 개최되었다.[7] 파렐도 찬포란 총회에 참석했는데, 그는 자신의 열정적인 연설로 그 총회를 주도하였다. 결과적으로, 찬포란 총회는 왈도파의 신앙고백서인 『찬포란 해설』(1532)를 채택했을 뿐 아니라, 스위스 종교개혁의 일원으로 참여하는 것을 결정하였다. 이를 통해서

---

7 Neuser (Hg.) (2002), Die Erklärung von Chanforn 1532. Platone (2014), Valdesi e Riforma (mit Bibliografie).

1532년 《찬포란 총회》 기념물

왈도파는 단순한 신앙공동체에서 공적인 조직 교회로 전환되는 계기를 마련하였다.

특별히, 이 왈도파 총회에서 성경을 새롭게 프랑스어로 번역하는 것도 엄숙하게 결의되었다. 이 과업은 장 깔뱅(Jean Calvin)의 사촌인 피에르 로베르 올리베탕(Pierre Robert Olivétan)이 위임받았다.[8] 1535년에 출판된 프랑스어 성경의 번역과 인쇄를 위한 모든 비용은 왈도파가 감당하였다. 당연히, 이 갑작스러운 변화와 관련하여 소수 왈도파 지도자들의 저항은 충분히 이해될 수 있었다. 1533년에 개최된 두 번째 왈도파 총회는 앞선 찬포란 총회의 결정을 확증하며 모든 논쟁을 종식시켰다.

프랑스에서 도망쳐서 바젤에 머물고 있던 깔뱅은 1536년 봄(3-4월)에 파렐이 심어 놓은 나무에 물을 주기 위해 알프스 산맥의 왈도파 계곡을 방문하였다. 왜냐하면 깔뱅에게 왈도파는 이탈리아를 향한 길 위에 있는 개혁파 교회의 매우 중요한 교두보였기 때문이다. 그는 스위스에서 가까운 알프스 산맥의 거주지에서 박해를 받고 있는 믿음의 동지들을 외면할 수 없었다. 그의 중재를 통하여 쯔빙글리의 후계자인 하인리히 불링거(Heinrich Bullinger)가 사역하고 있는 취리히 교회도 왈도파 사람들의 운명에 적극적으로 동참하게 되었다.

스위스 종교개혁자들의 적극적이고 지치지 않는 지원 속에서 작지만 고유한 특성을 가진 개혁파 교회가 세워졌다. 중세시대부터 이단으로 불렸던 왈도파는 자신의 공동체를 의도적으로 '왈도파 교회'로 호칭했다. 왜냐하면 왈도파 사람들은 왈도파 교회가 400년 전에 발데스가 시작했던 신앙운동의 연속선상

---

8   Campi (2018): Olivetanus, in: RGG 4, Bd. 6, 551.

1176년부터 1532년까지 왈도파의 확산

에 있다고 확신했기 때문이다. 오늘날까지도 왈도파 교회는 종교개혁 이전의 자신의 신앙적 정체성을 잊지 않았다. 그렇다고 하여 왈도파 교회가 여전히 과거에 얽매여 있다는 의미는 아니다. 오히려, 유럽에 있는 개신교의 한 일원으로서 비록 작은 교회이지만 매우 적극적으로 활동하고 있다.

코티안 알프스 계곡의 도피네와 피에몬테에서 거주했던 왈도파 공동체들은 종교개혁에 참여하기 전까지 순회설교자들의 헌신 속에서 비밀리에 신앙운동을 전개하였다. 하지만 종교개혁에 참여한 이래로 왈도파는 자신의 고유한 예배당을 건축했으며, 제네바 시편 찬송에서 유래된 시편 찬송을 부르는 공적인 예배도 드렸다. 개혁파 교회의 규범에 따라서 왈도파 신자들은 교회에서 선출된 장로들로 구성된 치리회를 통해서 인도되었다. 왈도파 교회에서 설교와 목회적 돌봄은 더 이상 순회설교자들이 수행하지 않았다. 각 지역에 머물며 가정을 이룬 목사들이 수행하였다. 세례와 성찬 집례도 그들의 고유한 직무가 되었다.

(3) 종교개혁 시대의 왈도파 박해

종교개혁에 왈도파가 공식적으로 참여한 것 때문에 1532년부터 1561년까지 교황주의자들의 잔혹한 박해를 불러왔다. 새롭게 세워진 왈도파 교회를 무너뜨리기 위해 투옥, 고문, 화형 같은 온갖 극악무도한 핍박이 이루어졌다.

대표적으로, 1545년에 남프랑스 뤼벨롱 지역의 메린돌(Merindol)에서 끔찍한 학살이 벌어졌다. 이 메린돌 학살 때 교황주의자들은 남녀를 가리지 않고 3,000여 명의 주민들을 학살했다. 여

구스타프 도레가 그린 '메린돌 학살'

성들은 강간을 당한 후에 살해되었고, 살아남은 670여 명의 남자들은 갤리선의 노예로 잡아갔다. "이는 앞으로 다가올 종교전쟁의 끔찍한 전주곡이었다. 뤼베롱 지방의 경우에 왈도파 주민들에 대한 학살은 성실하게 일하던 노동자들을 잃게 하여 경제적으로 심각한 문제를 일으켰다. 그러나 프랑스 국왕 프랑수아 1세(François I)는 '왈도파를 박멸시키는 모든 것'을 명시적으로 받아들였고, '빌어먹을 이단을 없애는' 모든 일을 지속적으로 시행하도록 요구하였다."[9]

1561년 남이탈리아 칼라브리아에서도 2,000여 명의 왈도파 사람들이 살해되었다. 그들 중에는 많은 여성들과 어린아이들이 포함되어 있었다. 이 학살에서 생존한 왈도파 사람들은 가톨릭 신앙으로 개종하도록 강요받았다. 이 지역에서 매우 특색 있는 왈도파 마을인 과르디아 피에몬테제는 과거에 일어났던 이 비극적 사건을 지금까지도 추모하고 있다. 그리고 이 마을의 주민들은 약 400년 전에 피에몬테로부터 피난왔던 자신들의 선조가 사용한 언어인 '옥시탄어'(die okzitanische Sprache)를 보존하고 있다. 오늘날에도 칼라브리아에서 두 명의 순교자는 매우 유명하다. 1559년 봄에 제네바 교회로부터 파송된 목사들인 지아코모 보넬로(Giacomo Bonello)와 지오반니 루이지 파스칼레(Giovani Luigi Pascale)이다. 보넬로는 시칠리아에서 체포되어 1560년 2월 18일 팔레르모에서 이단 혐의로 불에 타 순교했다. 라 구라르디아(La Guradia)에서 체포된 파스칼레도 종교재판에서 이단으로 판결을 받고 1560년 9월 16일 로마의 유명한 산탄젤로 성(Castel Sant'Angelo) 앞에

---

9   Audisio (1992), Procès-verbal d'un massacre.

"용서하되 잊지는 말라"가 적힌 메린돌 학살의 추모판

파스칼레가 죽은 장소에 있는 추모판

1. 왈도파 신앙운동과 종교개혁 참여 **35**

서 동일한 운명을 맞았다.[10]

　1560년 피에몬테에 있는 왈도파 사람들에게도 심각한 위협이 들이닥쳤다. 하지만 그들은 사보이 공작에 맞서 게릴라전을 펼쳤다. 한 달가량 잔혹했던 전쟁에서 패배한 사보이 공작은 1561년 6월 5일 왈도파가 전혀 예상하지 못했던 평화협정을 제안하였다. 사보이 공작은 왈도파가 추구하는 신앙생활을 할 수 있도록 보장했을 뿐 아니라 토레 펠리체, 치소네, 게르마나스카 계곡들처럼 사람이 접근하기 힘든 지역에 예배당을 지을 수 있도록 허락하였다. 이 평화협정을 통해서 1555년 《아우그스부르크 종교평화협정》(Augsburger Religionsfrieden)이 공포된 이래로 유럽에서 최초로 가톨릭 군주가 자신의 영토에서 다른 신앙고백을 가진 교회에 대해 관용을 베푼 것이다. 이는 흥미롭게도 《아우그스부르크 종교평화협정》에서 공식화된 "자신의 지역, 자신의 종교"(cuius regio, eius religio)라는 중요한 원칙에서 벗어난 결정이었다.

　잔혹한 핍박 아래서도 왈도파 사람들이 합법적 군주에 저항하기 위해 무기를 사용한 사실은 모든 왈도파 목사들로부터 공유되지 않은 것이며, 깔뱅과 베자가 속해 있는 제네바 목회자회도 처음에는 용납할 수 없는 것이었다. 그러나 스피오네 렌톨로(Scipione Lentolo) 목사가 제네바 종교개혁자들에게 이미 발생한 무기사용의 이유를 서면으로 상세히 전달하기 위해 시기적절하게 제네바를 방문하였다. 이를 통해서 정당한 통치자에게 무력 저항을 했던 왈도파에 대한 심각한 오해와 비난은 해소될 수 있었다. 렌톨로 목사가 전달한 『신앙을 위한 왈도파의 방어전

10　de Lange (2019), Die Waldenser in Kalabrien; Peyronel Rambaldi - Fratini, (2011), 1561. I valdesi tra resistenza e sterminio.

쟁에 관한 보고서』를 살펴본 베자는 유럽의 개신교 진영에 이 문서가 널리 알려질 수 있게 애쓸 정도로 각별한 신뢰를 나타내었다.

사보이 공국의 영토 안에 있는 종교적 소수집단의 존재, 즉 고유한 신앙적 조직을 가지고 있고, 지역적 기반을 갖추고 있으며, 알프스 너머의 신앙의 동맹자들과 교류할 수 있는 강력한 능력을 가진 왈도파의 공동체는 토리노 정부(Turiner Regoerung)도 당혹스럽게 만들었다. 16세기 후반과 17세기 전반에 걸쳐 이 정부는 이단 근절과 사보이 공국의 종교적 통합을 복원시키기 위해 많은 칙령들과 차별적 규정들을 통해서 이 평화협정의 범위를 점진적으로 제한하려고 시도하였다.

왈도파에 대한 토리노 정부의 정책은 피에몬테에 있는 로마가톨릭교회와 로마교황청으로부터 지지를 받았을 뿐 아니라, 자주 선동의 근거로 활용되기도 하였다. 예수회 사제들은 왈도파 계곡들을 '이탈리아의 인도'로 부르며 선교지로 간주했는데, 왈도파 주민들을 가톨릭 신자로 개종시키기 위한 목적을 가지고 있었기 때문이다. 코티안 알프스 계곡의 선교를 위해 1560년에 로마교황청이 파견한 최초의 선교사는 예수회의 젊은 사제인 안토니오 포세비노(Antonio Possevino)였다. 당시 그는 젊었지만 나중에 전(全) 유럽에서 유명해진 인물이다. 포세비노는 "완고한 산악인들"을 개종시키기 위해 두 가지 조치를 동시에 사용해야 한다고 확신하였다. 먼저, 그 산악지대에서 가톨릭 신앙의 수호와 확장을 위해 강압적 조치가 필요하다. 다음으로, 왈도파 사람들을 개종시키기 위해 집중적 설교가 필요하다. 사실, 이 두 가지 조치는 교황주의자들의 의도된 전략이었다.

이 전략 아래서 개별적 수도회들, 즉 예수회, 도미니쿠스 수

안토니오 포세비노의 초상화

도회, 프란체스코 수도회, 무엇보다도 왈도파 주민들이 사는 지역들의 선교를 직접적으로 위임받은 카푸친 수도회는 약 80년 동안 왈도파를 괴롭혔다. 교황주의자들의 박해는 일련의 회개 설교, 대중 논쟁, 경제적 압박 등으로 이루어졌는데 이단 대처에 대한 옛 방식과 새 방식이 혼합된 것이었다.

　　로마가톨릭교회의 선교사들과 왈도파 목사들 사이에 있었던 수많은 논쟁들의 기록물은 당시 교파적 반대편의 격화된 입장을 이해할 수 있는 오늘날의 왈도파 연구를 위해 없어서는 안 될 중요한 유산이다.[11] 이 논쟁적 기록물 속에서 확인되는 주

11　C. Povero, Missioni in terra di frontiera: la Controriforma nelle valli del Pinerolese, secoli XVI-XVIII, Roma 2006; E. Campi, Le Dispute teologiche, in S. Peyronel,

제들은 무엇보다도 교회의 본질에 관한 다양한 질문들과 관련된 것이다. 첫 번째로 많은 기록물은 교회의 이해, 교황의 수위권, 성례, 특별히 예전(미사), 화체설 등과 관련된 것들이다. 두 번째로 많은 기록물은 계시에 관한 자료들, 성경과 교회적 전통의 관계, 묵시책들의 영감 등을 다루고 있다. 세 번째로 많은 기록물은 고해성사, 회개, 성인숭배와 성상숭배, 연옥 같은 신자들의 경건생활에 관한 주제들이다. 마지막으로 적은 분량의 기록물은 특정한 윤리적 주제들을 다룬 것으로 정부에 대한 복종, 고리대금업, 종교적 절기들을 지키는 것 등이다. 이 문서들을 살필 때 종교개혁자들의 가르침과 개신교의 기본사상에 대한 가톨릭 선교사들의 빈약한 지식이 눈길을 끈다. 여기에 덧붙여 교황주의 선교사들의 평범하고 부정확한 성경 지식은 성경 주해에 익숙하고 영민한 왈도파 목사들로부터 즉각 비판되었다. 그리고 가톨릭 선교사들의 넘쳐나는 선교적 열심도 적은 수의 개종과 강력한 저항 때문에 기대했던 성공을 거두지 못하였다. 이렇게 된 이유에는 왈도파의 반대 의견, 법적 소송, 시민적 저항 등이 공적으로 꾸준히 표출되었기 때문이다.

긴 시간이 흘러 1650년 초에 사보이 공작은 자신의 영토에서 오랫동안 인정되었던 종교적 문제를 더 이상 평화롭게 해결하지 않았다. 방관이나 위협적 경고에만 그치지 않고 물리적으로 해결하는 방식을 결심하였다. 결과적으로, 1655년에 '피에몬테 부활절'(Pasuqe Piemontesi)로 알려진 군사 원정은 수많은 사람들의 피로 얼룩진 매우 비극적 사건을 발생시켰다.

La Nuova Storia dei Valdesi, Bd. 2, Turin 2024 (in Druck).

2

박해 아래 왈도파 교회

번역: 이남규

왈도파의 역사에서 17세기만큼 사건이 많고 절망적인 시기는 없었다. 유럽 전역에서 발생한 흑사병과 기근으로 인한 심각한 인구감소를 피할 수 없었을 뿐 아니라, 사보이 공국의 잔혹한 박해 때문에 가장 큰 시련을 겪어야 했기 때문이다. 하지만 이와 동시에 왈도파와 유럽의 개신교 진영들 사이의 연대는 그 어느 때보다 견고하게 발전되었다.

1629년부터 1633년까지 북이탈리아에서 발생한 흑사병은 매서웠다. 이 시기에 전체 인구의 약 400만 명 중 100만 명(약 25%) 이상이 이 전염병 때문에 사망한 것으로 추정된다. 통계적으로 볼 때, 코티안 알프스 계곡에 살았던 왈도파 주민들도 흑사병으로 인하여 다른 지역들의 사람들보다 훨씬 큰 재난을 겪었다. 이 전염병이 창궐한 몇 년간 인구의 절반이 소멸했고, 거의 전멸에 가까운 마을들과 가정들이 속출했다. 물론, 왈도파 교회의 참상도 심각했는데, 14명의 목사 중 3명만이 겨우 살아남았다.[12]

---

[12] Fratini – Carpanetto (2020), Valdesi, 61.

로마가톨릭교회의 사제들과 사보이 공국의 통치자들은 이 사실을 매우 기뻐하면서 목자 없는 양떼에게 강력한 조치를 행사할 수 있는 기회로 여겼다. 하지만 왈도파 주민들은 자신들의 사망한 목사들을 대신해 줄 사람들을 제네바 교회와 프랑스 교회에 요청하였다. 당시 프랑스에서는 위그노들이 '낭트 칙령'의 보호 아래서 평화롭게 신앙생활을 하고 있었다.

이 상황은 목회적이고 문화적인 측면에서 결코 단순하지 않았다. 외국에서 새로 온 목사들은 왈도파 전통에 적응할 수 있는 시간과 기회를 갖지 못한 채 그들이 아는 제네바 모델에 따라 교회를 세웠다. 그래서 목사들은 더 이상 '바르바'(Barba / 삼촌)가 아닌 '무슈'(Mein Herr / 나의 주인)로 불렸다. 그리고 목사들을 대표하는 의장은 더 높은 권위를 갖게 되었다. 왈도파 교회에서 프랑스어가 예배를 위한 언어가 된 이유는, 피에몬테 사람들과 소통해야만 했던 왈도파 주민들은 이중언어 사용자였음에도 불구하고, 새로 온 목사들이 프랑스어 밖에 할 줄 몰랐기 때문이다. 그 결과로, 프랑스어는 왈도파 교회의 공식 언어가 되었고, 19세기 후반까지 지속적으로 사용되었다. 물론, 프랑스어 사용에는 장단점이 있었다. 왈도파의 유럽적 특성을 드러내고 또 다른 개신교 진영들과의 관계를 긴밀하게 만든 반면에, 피에몬테 사람들과는 단절되는 결과를 가져왔다.

(1) 1655년 대학살 – '피에몬테 부활절'

1648년에 젊은 공작인 샤를 엠마누엘 2세(Charles Emmanuel II)가 사보이 공국의 통치자로 즉위하였다. 그는 곧바로 왈도파에 반대하여 반종교개혁(Gegenreformation)을 더욱 강하게 이끌었다. 사보이 공작이 종교개혁을 적극적으로 반대한 이유는 자신의 섭정이자 모친인 마리아 크리스티나(Maria Christina)가 이미 선택한 종교적 노선을 따랐기 때문이다. 1653년 빌라 펠리체(Villa Pellice) 수도원의 방화 사건과 1655년 1월 초 가톨릭 사제의 살해에 대한 혐의가 거짓 증언을 통해서 왈도파 목사이자 의장인 장 레제(Jean Léger)에게 씌어지면서 코티안 알프스 계곡에 심각한 위기가 닥쳤다. 1655년 1월 25일 혹한의 겨울 한가운데서 사보이 공작은 즉각적으로 왈도파에 대한 칙령을 공포하였다. 죽음과 재산몰수에 대한 위협 속에서 모든 왈도파 주민들이 3일 내로 정부가 정해준 제한구역으로 신속히 모일 것을 명령한 내용이었다. 하지만 왈도파가 이 칙령을 단호히 거부했을 때, 1655년 4월 24일부터 27일까지 말로 다 표현할 수 없는 잔혹한 학살이 벌어졌다. 이 악명 높은 사건은 '피에몬테의 부활절'로 역사에 기록되었다.[13]

왈도파가 사보이 공국의 칙령을 거부했음에도 불구하고, 사보이 공작은 왈도파에게 정치적으로 평화를 원한다는 것을 나타냈다. 이를 위해 사보이 공국의 피아네짜 후작(Markgraf von Pianezza)은 서로의 친선을 위해 자신의 무장한 군대가 며칠 동안 왈도파 마을들의 각 가정에서 숙식을 할 수 있도록 해달라고 정중히 요청하였다. 왈도파는 거절하지 않고 즉시 환영의 뜻을 밝혔다. 사보이 군인들은 적개심 없이 선의를 가진 왈도파 주민들로부터 따뜻한 대접을 받을 수 있었다.

하지만 1655년 4월 24일 부활절 주간의 금요일 새벽에 사

---

13   이 주제에 대한 참고문헌은 복잡하다. 첫 번째 개론으로 다음이 적절하다: Campi (2016): "Brieve Confession de foy," in RBS3/3 t. 2, 373-405.

안나 샤를조바니에의 죽음(1658년, 그림)

아이들 살해를 묘사한 그림

보이 공작은 국경 보호를 구실로 순수하게 사보이 군인들을 대접하는 왈도파 주민들을 공격하라는 명령을 내렸다. 왈도파 거주지에 주둔하고 있는 피아네짜 후작의 민병대 외에 프랑스 군대와 아일랜드 용병들이 합류한 15,000여 명의 강력한 군사들이 왈도파 주민들이 사는 계곡을 갑작스럽게 무력 점령을 하였다. 아무런 저항도 하지 못한 채 왈도파 마을들은 초토화되었다. 남녀노소(男女老少)를 가리지 않고 학살당했으며, 집들은 새까맣게 불태워졌다. 사보이 군인들은 왈도파 사람들을 어떤 긍휼 없이 온갖 잔혹한 방식으로 죽였다. 2,000여 명의 무고한 왈도파 주민들이 끔찍하게 살해되었고, 수많은 사람들이 피신했지만 추위와 굶주림으로 산 속에서 목숨을 잃었다.[14]

스트라스부르크에서 펠리시테-로베르 라메네(Félicité-Robert Lamennais), 알렉상드르 뒤마(Alexandre Dumas) 등과 서신을 주고받았던 게오르그 뷔히너(Georg Büchner)의 친구이자 왈도파 역사학자인 알렉시스 머스턴(Alexis Mouston)은 1655년 부활절에 일어난 끔찍한 학살에 대해 '피에몬테의 부활절'(Les Pâques Piémontaises)이라는 표현을 만들었다.[15] 사실, 이 사건은 이탈리아에 대한 패권을 놓고 프랑스-스페인의 전쟁(1635-1659)의 맥락에서 17세기 유럽에서 벌어진 마지막 종교전쟁인 동시에 가장 많은 피를 흘린 비극적 사건 중 하나였다.

1655년 5월 20일에 사보이 공작의 모친 마다마 레알레(Madama Reale)는 로마에 있는 사보이 특사에게 매우 자랑스러워하며

---

14   최근 연구에 따르면 이 숫자이다: 예를 들면, Tron (2005), Le ≪Pasque piemontesi≫, 14. 반면 과거의 신앙고백서 역사서술들은 4000에서 6000의 희생자를 언급한다.

15   Mouston (1879), *L'Israël des Alpes*, 295-390.

"우리는 이단과 반란의 히드라 머리를 잘라냈다"는 전갈을 보냈다. 겨우 목숨을 건진 왈도파 사람들은 '로라의 사자'로 불렸던 조슈아 자나벨(Joshua Janavel)의 지휘 아래서 군대를 결성하여 로라 계곡에서 무장저항을 펼쳤다. 프랑스에서 온 난민들과 신앙 동지들이 유입되면서 그 숫자가 점점 늘었을 때, 왈도파 군대는 과감하게 적군을 공격하여 여러 마을을 되찾을 수 있었다.

왈도파 사람들이 무장저항을 하는 동안 학살 현장에서 간신히 살아남아 프랑스로 피신한 장 레제는 끈기 있게 왈도파 소식을 유럽 전역으로 알렸다. 저 멀리 떨어진 알프스 계곡에서 믿음의 형제들이 생존을 위해 필사적으로 싸우고 있다는 소식과 전례 없는 잔혹한 학살 소식이 유럽 개신교도들에게 전해져 큰 분노와 동정심을 불러일으켰다. 가장 먼저 스위스에서 서둘러 도움의 손길을 보냈다. 스위스 개신교 지역들은 같은 해 6월에 열린 아라우(Aarau) 회의에서 회개와 기도의 날을 선포하고, 희생자들을 위한 후원금을 모금하며, 사보이 공국에 항의하기 위해 대표단을 보내기로 결정하였다. 네덜란드에서도 수많은 연대의 물결이 일어났다. 독일 브란덴부르크, 팔츠, 헤센의 개신교 정치인들은 믿음의 형제인 왈도파를 진심으로 염려하며 피난처와 거주지 제공을 약속하였다.[16] 그 가운데서 이 왈도파 문제를 가장 효과 있게 다룬 인물은 영국의 올리버 크롬웰(Oliver Cromwell)

---

16 참고: Tagsatzung der evangelischen Städte (alter Kalender: 16. Juni) 26. Juni 1655, in *Amtliche Sammlung der älteren Eidgenössischen Abschiede* VI/1 1649-1680, Frauenfeld 1867, 252-253. Literatur: Klinkert (1917), Waldenser, 6-12 und Bächtold (2012), Volk auf der Flucht, 26-27. 취리히는 이미 5월에 왈도파를 위한 기도회를 가졌다. 다음을 보라: Campi - Wälchli (2016), Zürcher Kirchenordnungen, 1520-1675, Nr. 323.

올리버 크롬웰(1655년, 그림)

존 밀턴의 초상화(1670년)

이었다. 그는 왈도파를 돕기 위해 전국적인 후원회를 조직했을 뿐 아니라, 토리노와 파리의 종교재판에서 시련을 겪고 있는 소수 왈도파 사람들의 변호를 위해서도 열심을 다 하였다.[17] 그리고 당시 영국 국무회의 비서이자 『실낙원』을 쓴 작가인 존 밀턴(John Milton)은 이 참혹한 소식을 듣고 《피에몬테의 늦은 학살에 대하여》(1655)라는 제목의 애달픈 소네트(sonnet)를 썼다:

주여, 학살당한 주님의 성도들을 위하여 복수하소서!
저들의 뼈가 알프스 산줄기에 흩어져 차갑게 누워 있나이다.
심지어 저들은 예로부터 당신의 진리를 순수하게 지켰던 이들이니,
우리의 조상들이 우상과 돌을 숭배했을 때부터 그리하였나이다.
저들을 잊지 마시고, 저들의 신음소리를 주의 책에 기록하소서.

저들은 주의 양들이오며, 그 옛날부터 전해오는 저들의 우리 안에 있었는데
피비린내 나는 피에몬테인들이 들어와 살해하였나이다.
아기를 안은 엄마가 바위 아래로 던져졌나이다.
그들의 통곡을 기록하소서.
이 통곡이 계곡들을 덮고 언덕 위로 올려 퍼졌나이다.
이 통곡이 하늘에까지 이르렀나이다.
그 순교자들의 피와 재를 뿌리소서.
이탈리아 온 들판 사방에 흩으소서.
그곳은 장악된 곳이니, 곧 삼겹 왕관을 쓴 폭군이 장악한 곳이니

---

17 수많은 문헌 중 다음만 언급한다: Balmas – Menascé (1981), L'opinione pubblica inglese, 3-26; Vola (2022), Cromwell e la causa valdese.

이다.
뿌려진 피와 재에서 당신의 길을 배우는 이들을 백배로 성장하게 하사
바벨론의 화를 지나치게 하소서.[18]

    1655년 8월 18일 올리버 크롬웰의 압력을 받은 프랑스가 국익을 내세워 개입한 것과 관련하여 사보이 왕국은 피네롤로(Pinerolo)의 '특별사면권'(Gnadenpatent)을 발효시켰다. 그 결과로, 왈도파는 알프스 계곡에서 행해지는 종교와 예배의 자유를 보장받을 수 있었다. 그렇다고 해서 '특별사면권'이 사보이 왕국의 억압적 횡포로부터 왈도파를 온전히 보호한 것은 아니었다. 1663년에 또다시 피비린내 나는 박해가 발생했고, 더 많은 억압적 조치들이 시행되었다. 그리고 1686년에 공포된 추방령으로 왈도파에 대한 박해는 최절정에 이르렀다.
    왈도파가 개신교 세력을 동원하기 위해 '피에몬테의 부활절' 직후 유럽 전역에 유통시킨 자필 서신, 공증된 목격자 보고서, 삽화가 담긴 전단지, 소책자 등으로 이루어진 수많은 선전물이 등장하였다.[19] 그중에서 검열 때문에 이름을 밝히지 않은 익명으로 출판된 『진실된 관계 *Relation veritable*』가 눈에 띈다. 이 선전물은 4개의 버전으로 보존되어 있는데[20] 특별한 의미를

---

18   Vigne (1983), ≪Avenge O Lord≫, 10-25.
19   자세한 설명은 다음을 보라: Balmas – Zardini Lana (1987), *La vera relazione*. 다음도 보라: Vogel (2006), ≪Piemontesische Oster≫, 74-92.
20   Relation veritable De ce qui s'est passé dans les persecutions & massacres faits cette année, aux Eglises Reformées de Piemont. Avec la refutation des calomnies dont les Adversaires de la vérité taschent de les noircir, s.l. M. DC.LV. 아래의 디지털판은 무료로 누구나 이용이 가능하다:

가지고 있다. 대표적으로, 취리히 판본에는 사보이 공작 측에서 제기한 '카르보(Cavour) 조약'(1561년)을 왈도파가 무시했다는 비난에 대해 반박하는 상세하고 근거가 분명한 내용이 기록되어 있다. 그리고 왈도파의 무장봉기에 대한 정당성과 사보이 군대의 잔혹한 만행을 자세히 설명한 다양한 기록들도 확인할 수 있다. 특별히, 왈도파의 신앙적 정체성을 알려주는 중요한 자료인 작자 미상의 프랑스어로 출판된 《피에몬테 개혁교회의 간략한 신앙고백서》(BRIEVE CONFESSION DE FOY DES EGLISES REFORMEES DES VALLEES DE PIEMONT)도 삽입되어 있다.[21]

이 《피에몬테 개혁교회의 간략한 신앙고백서》는 총 33조항으로 구성되어 있으며, 《프랑스 신앙고백서》(Confessio Gallicana)를 바탕으로 정리된 것이다. 그 특징 중 하나는 26조항에 '보편교회'로 이해되는 교회의 영원성에 관한 고백이다. 여기에서 주목되는 점은, 이 조항의 마지막 단락에서 유럽의 모든 개혁된 교회들과 함께 동일한 신앙을 추구한다는 것과 함께 필립 멜란히톤(Philip Meranchton)이 1530년에 작성한 《아우크스부르크 신앙고백서》와 1540년에 수정한 《아우크스부르크 신앙고백서 변경판》(Confessio Agustana Variata)을 동의한다는 언급이다. 그리고 "사나 죽으나 이 믿음에서 인내할 것이며, 우리는 우리 자신의 피로 하나님의 이 진리에 서명할 준비가 되어 있다"라는 엄숙한 맹세도 읽을 수 있다. 물론, 이 신앙고백서를 작성한 저자의 이름은 아직까지 밝혀지지 않았다. 당시 상황의 어려움 때문에 아마도 저자는 의

---

https://books.google.at/books?id=LbPeUN1Erz8C&printsec=frontcover&hl=de&-source=gbs_atb#v=onepage&q&f=false. Faksimile Edition in Balmas – Zardini Lana (1987), *La vera relazione*, 335-378.

21 Balmas – Zardini Lana (1987), *La vera relazione*, 375-378.

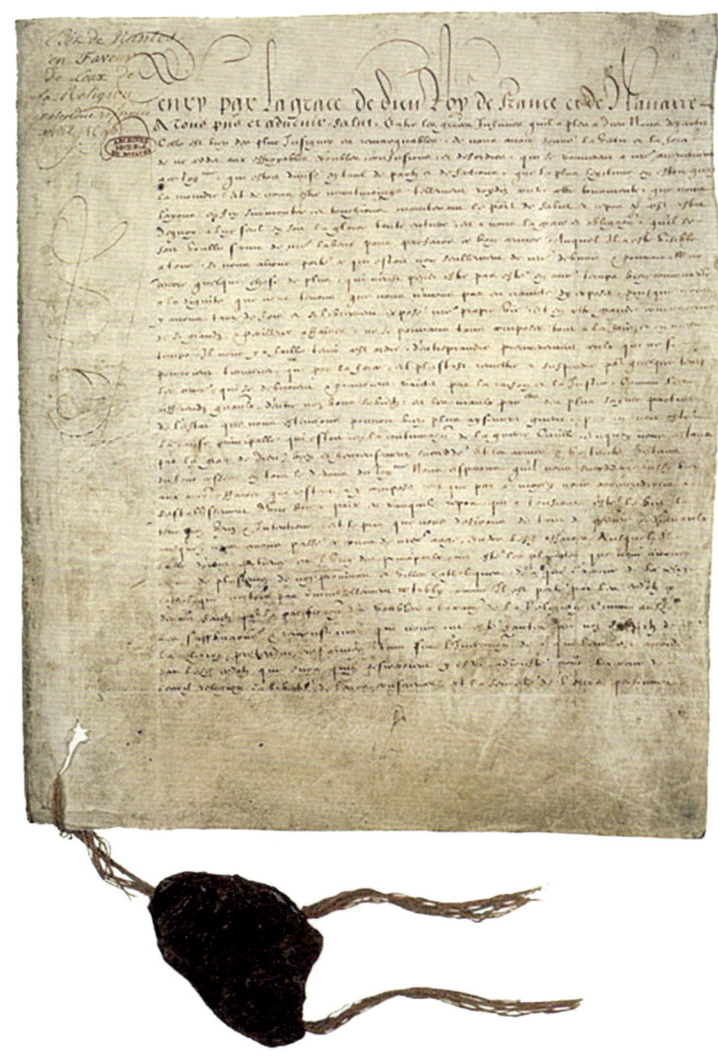

낭트 칙령의 원본(1598년)

도적으로 자신의 이름을 남기지 않았을 것이다. 이 저자의 비밀을 풀려는 여러 가설이 제시되었지만, 모두가 납득할 정도로 설득력 있지는 않다. 한 명 혹은 그 이상의 저자가 있을 것으로 추정할 수 있는데, 설령 저자가 끝까지 밝혀지지 않는다고 해도 전혀 문제 될 것은 없다.

1656년에 《피에몬테 개혁교회의 간략한 신앙고백서》는 이탈리아어로도 출판되었다. 우리에게 가장 중요한 것은 이 신앙고백서의 가치이다. 《피에몬테 개혁교회의 간략한 신앙고백서》는 수 세기 동안 매우 작은 교파로 존재해 온 왈도파 교회가 순수한 복음 위에 서 있다는 것을 증명한다. 그리고 왈도파가 끔찍한 박해의 현실 속에서도 그 복음을 위해 헌신해 왔다는 것도 분명하게 보여 준다. 이 신앙고백서는 오늘날까지 유럽과 라틴 아메리카에 세워진 왈도파 교회의 공적인 신앙문서로 유효하다.

(2) 1685년 운명의 해

왈도파는 1655년 8월에 '은총의 특별 허용'이 발효된 이래로 30년 동안 거의 박해를 받지 않았다. 그러나 1685년 10월에 프랑스 태양왕 루이 14세(Ludwig XIV)가 《낭트 칙령》(Edikt von Nantes)을 철회하면서 관용에 대한 모든 약속은 사라지고 말았다. 《낭트 칙령》은 1598년 앙리 4세가 프랑스 위그노들에게 신앙의 자유를 약속한 문서이다. 이 칙령의 무효가 의미하는 바를 구체적으로 말하면, 종교개혁으로부터 연유된 개혁 신앙을 공개적으로 실천하는 것이 엄격히 금지된 것이다. 더 나아가 위그노들이 자신들이 거주하는 지역 밖으로 나가는 것도 엄격히 금지되었다. 그리고 위그노들이 세운 예배당들은 파괴되었다. 검열을 통해서 붙잡힌 남자 위그노들은 갤리선에서 노를 젓는 노예가 되었고, 여자 위그노들은 투옥되어 가혹한 처벌을 받았다. 이 조치를 시행하기 위해 프랑스 전역에서 '용기병'(Dragonnades)이 투입되었다. 즉, 왕의 친위대인 용기병을 위그노의 집에 강제로 주둔시키는 것이다. 그 결과로, 많은 왈도파 사람들이 살았던 프라겔라 계곡(Pragela-Tal)도 코티안 알프스의 프랑스령이었는데, 이곳에 용기병을 주둔시키는 조치가 즉각 시행되었다. 이 때문에 피에몬테의 왈도파 주민들도 참상을 피하지 못하였다. 사보이 공국의 비토리오 아메데오 2세(Vittorio Amedeo II)가 태양왕의 압력 속에서 1686년 1월 2일에 왈도파 교회의 종교적 자유를 폐지하였다. 처음에 왈도파 주민들은 무장 저항으로 자신들의 살길을 찾으려고 결심했지만 죽음과 투옥의 위협 아래서 막대한 피해를 당한 후에 모든 것을 포기하였다. 14,000여 명의 왈도파 주민들 중 2,000여 명은 며칠이 지나지 않아 사망하였다. 8,000여 명은 피에몬테의 지하감옥에 수감 되었는데, 그들 대부분은 이곳에서 죽었다. 이렇게 볼 때, 로마가톨릭교회의 반종교개혁이 승리하는 것처럼 보였다.

 스위스 개신교 지역들은 수감되어 있는 왈도파 사람들을 위해 외교적 방법을 모색하고, 그 수감자들의 석방을 위하여 노력하였다. 마침내 여러 시도 끝에 왈도파 사람들의 추방을 협상할 수 있었다. 1687년 1월에 3,000여 명의 왈도파 난민들이 프랑스어권 스위스에 도착하여 임시 거주를 위해 여러 개신교 도시에 분산되었다. 물론, 취리히 목사들에게도 왈도파 난민들을 돕는 일은 매우 중대한 문제였다. 그들은 왈도파 난민들과 다른 신앙박해를 받는 사람들의 단호한 대변자임을 보여 주었다. 인간의 눈으로 볼 때 종말의 잔혹한 사건으로 보이는 피에몬테의 왈도파 교회의 비극은 스위스의 모든 목사들에게 큰 슬픔과 괴로움이었다:

> 저는 통곡하고 애통해 하지 않고는 운명적인 1686년을 생각할 수 없습니다 〔…〕 먼 과거로부터 거의 800년 가까이 존재했으며, 순수한 복음을 가르쳤던 피에몬테 교회가 검은 상복을 입고 슬픈 작별 인사를 하면서 임종의 시간을 가져야만 했습니다.

이 외침은 1688년 새해 첫날에 취리히 교회의 목사인 안톤 클링어(Antonius Klinger)가 설교 중에 밝힌 것이다.[22] 그는 나중에 취리히 교회의 대표 목사(Antistes)가 되었다.

(3) 1688년 '영광스러운 귀환'

스위스에서 몇 해를 보내고 왈도파 사람들은 고향으로 다시 돌아가길 원하였다. 그래서 1689년에 피에몬테로 귀환하는 계획을 비밀리에 세웠다. 그들은 정치적 이유로 외교, 군사, 재정과 관련된 모든 준비를 영국과 네덜란드 정부로부터 직접 도움을 받았다. 잉글랜드의 '명예혁명'으로 네덜란드의 오라네 공 빌럼 3세(Willem III van Oranje)가 1689년부터 자신의 아내인 메리 2세(Mary II)와 함께 영국의 공동 군주로서 윌리엄 3세(William III)가 되었다.

---

22   Antonius Klinger, *Geistliche Betrachtungen…*, Zürich 1688, 170.

1689년 영광스러운 귀환의 노정

그로 인하여 윌리엄 3세는 반프랑스 대동맹의 수장으로 주목받았다.

1689년 8월 27일에 왈도파 목사 앙리 아르노(Henri Arnaud)가 이끄는 약 1,000명 정도 왈도파 사람들이 제네바 호수의 한 도시인 프랑긴에서부터 코티안 알프스 계곡까지 행군하였다. 그들은 사보이 공국의 땅을 통과하여 14일 만에 고향에 도착하였다. 이 용감한 여정은 1688년 잉글랜드의 '명예혁명'(Glorious Revolution)에 비교되어 '글로리우스 렌트레'(Glorieuse Rentrée) 혹은 '글로리오소 림파트리오'(Glorioso Rimpatrio) - 소위 '영광스러운 귀환'으로 역사에 기록되었다. 이 사건은 왈도파 역사의 서술에서 중요한 의의를 지니고 있다. 고향으로 다시 돌아온 왈도파 사람들은 '영원한 희생자' 혹은 '고통 받는 사람'이 아니다. 오히려, 그들은 혐오스러운 군사적 방법을 동원해서라도 자신들의 운명을 자신들의 손으로 개척한 사람들이었다.[23]

제네바로부터 왈도파 사람들이 귀환했지만 알프스 거주지는 여전히 안전하지 않았다. 그들은 생존을 위해서 압도적 무기로 무장한 프랑스 군대에 대항하여 게릴라전을 시작하였다. 하지만 궁지에 몰린 왈도파 사람들은 천연요새와 같은 산마르티노 계곡의 발시글리아에서 겨울을 보내야 했다. 이 때문에 다행히도 1690년 봄에 감행된 프랑스 군대의 공격을 피할 수 있었다. 그리고 갑작스럽게 전혀 기대하지 않았던 상황도 전개되었다. 1690년 6월 4일 사보이 공국의 비토리오 아메데오 2세(Vittorio Amedeo II)가 반프랑스 대동맹에 참여하여 왈도파에게 평화협상을 제안한 것이다. 이제까지 프랑스 군대에 맞서 대항했던 왈도파

---

23 de Lange (Hg.) (1990), *Dall'Europa alle Valli valdesi*.

는 적군에서 사보이 공작을 돕는 전우가 되었다. 그 결과로, 사보이 공작은 독일과 스위스에서 난민생활을 하고 있는 왈도파 사람들도 돌아오도록 초청하였다. 여기에는 프랑스 위그노들도 포함되어 있었다. 그리고 영국과 맺은 동맹의 압박 아래서 사보이 공작은 교황의 격노에도 불구하고 마지못해 1694년 관용령을 공포하였다. 이 칙령은 왈도파 사람들이 이미 자신들이 살았던 거주지에서 계속 살 수 있도록 보장해 주었다.

그런데 1696년에 코티안 알프스 계곡의 상황이 또다시 바뀌었다. 프랑스는 사보이 공국의 영유권 주장을 받아들일 준비를 하고 있었다. 공식적으로 피네롤로와 치소네 계곡의 하류 지역을 사보이 공국에 반환하는 결정을 내린 것이다. 그 대신에 사보이 공작은 프랑스 개신교도들을 자신의 지역에 수용하지 않고, 개신교 예배를 불허한다는 것을 약속하였다. 그리고 그들이 치소네 계곡의 프랑스 영토에 살고 있는 사람들과 접촉하지 못하도록 조치하였다.

이와 관련하여 비토리오 아메데오 2세는 1698년에 새로운 칙령을 공포하였다. 여기에는 1685년 '낭트 칙령'의 폐지 후에 혹은 '영광스러운 귀한' 후에 사보이 공국의 알프스 산지로 이주해 온 프랑스 출신의 사람들에 대한 퇴거명령이 담겨 있었다. 결과적으로, 3,000여 명의 왈도파 사람들이 다시 먼 망명길을 떠나야 했다. 그들은 먼저 제네바로 가서 추운 겨울을 보내고, 1699년 봄에 다시 북쪽으로 향하였다. 다행히도 왈도파 사람들은 네덜란드의 대사인 피테르 팔케니어(Pieter Valkenier)의 헌신적인 중재로 독일 뷔르템베르크와 헤센에 개신교 신앙난민으로 정착할 수 있었다.

비토리오 아메데오 2세(동판화)

3

왈도파 교회의
새로운 여정

번역: 김진수

(1) 알프스 계곡의 추방과 남부 독일의 정착

1698년 7월에 사보이 공국의 비토리오 아메데오 2세(Vittorio Amedeo II)는 자기 영토에 살고 있는 왈도파가 종교적 문제와 관련하여 프랑스 개신교도들과 접촉하는 것을 완전히 금지시켰다. 그는 도피네 출신의 모든 남녀 위그노들 역시도 자기 영토에서 추방하였다. 그들은 소위 '팔츠 왕위계승 전쟁'(Pfälzischen Erbfolgekriegs) 기간(1688-1697)에 피에몬테로 도피해 온 신앙난민들이다. 1698년 9월에 노인들과 어린아이들을 포함하여 대략 3,000여 명의 왈도파 사람들이 산발적으로 목사들의 인도 아래 몽스니 고개(Mont Cenis Pass, 2,080m)를 넘고, 사보이 영토를 통과하여 제네바를 향해 떠났다. 당시 코티안 알프스 계곡에 살던 왈도파 주민들 중 3분의 1일 정도가 피난길에 오른 것이다. 그들 중에는 1689년 '영광스러운 귀환'을 계획하고 이끌었던 앙리 아르노 목사도 있었

다.[24]

    왈도파 신앙난민들은 제네바에서 친절한 영접을 받았다. 하지만 그곳에 오래 머물 수는 없었다. 당시 제네바는 가난하고 인구가 너무 많았기 때문이다. 스위스 연방(Eidgenossenschaft)의 여러 개신교 지역에서도 지속적으로 정착하는 것은 쉽지 않았다. 지난 수년간의 곡물 수확은 자국민들을 부양하기에도 충분하지 않았다. 게다가 수많은 왈도파 사람들과 위그노들의 수용과 부양은 개신교 지역과 가톨릭 지역 사이의 관계를 악화시켰다. 제네바와 다른 개신교 지역들이 겨울 동안 왈도파 신앙난민들에게 숙식을 제공하겠다고 밝힌 상태였지만, 왈도파 목사들은 자기 양떼를 위해 다른 피난처를 찾도록 지시를 받았다. 그럼에도 불구하고 스위스의 믿는 형제자매들은 왈도파 사람들의 이주를 돕기 위해 신성로마제국에서 유통되는 은화 12,000탈러(Thaler / 대략 55만 유로)를 지원하였다.[25]

    결과적으로, 왈도파의 소수 사람들만 제네바, 스위스 연방의 다른 개신교 지역들(바젤, 베른, 취리히, 샤프하우젠), 백작의 영지 노이엔부르크 등에 정착하였다. 다른 신앙난민들은 독일의 개신교 제후국들인 헤센, 뷔르템베르크, 브란덴부르크, 팔츠 등으로 이주하였다. 왈도파 신앙난민들이 독일 남서부 지역에 정착할 수 있도록 왈도파 목사인 앙리 아르노와 위그노 목사인 야크베스 파퐁(Jacques Papon)이 큰 노력을 기울여 유의미한 성과를 거두었다. 물론, 네덜란드 외교관인 피터르 팔케니어의 공로가 가장 컸음을 부인할 수 없다. 왈도파 사람들이 독일의 몇몇 선택된 지역

---

24   de Lange (Hg.) (1999), Dreihundert Jahre Waldenser in Deutschland.
25   de Lange - Schwinge (Hg.) (2004), Pieter Valkenier, 161-242

뷔르템부르크의 앙리 아르노 기념물

피테르 팔케니어
(1690, 동판화)

왈도파에 대한
헤센 영주의 특허장(1699년)

에 정착한 역사는 여러 측면에서 중요하다.

팔케니어는 1641년에 네덜란드 엠머리히에서 태어났다. 그는 그 도시의 명망 있는 집안 출신이었다. 1665년부터 팔케니어는 레이든에서 법학을 공부하였고, 1670년에는 암스테르담에 있는 홀란드 주 정부의 법률고문이 되었다. 1676년부터 독일에서 외교관으로 근무했고, 그후로 1690년부터는 스위스 연방에서 외교관으로 활동하였다. 팔케니어의 요청에 따라 네덜란드 연방은 1698년 11월 5일 그를 왈도파와 위그노 신앙난민들을 상부 독일에 정착시키는 전권자로 지명하였다. 그는 1712년에 헤이그에서 영원한 안식에 들어갔다. 팔케니어가 펼친 외교의 주된 목적은 프랑스 왕 루이 14세(Louis XIV)의 절대권력과 종교적 불관용과의 싸움이었다.

1698년 여름에 팔케니어는 왈도파 사람들이 추방될 것을 알고, 우선적으로 그들이 스위스에 임시로 체류할 수 있도록 노력하였다. 당연히, 이 비상 상황이 짧은 시간에 극복되도록 여러 방면으로 경제적 지원도 모색하였다. 그리고 팔케니어는 1699년 3월에 뷔르템베르크의 에버하르드 루드비히(Eberhard Ludwig) 공작과 헤센의 에른스트 루드비히(Ernst Ludwig) 영주에게 왈도파 사람들이 두 지역에 정착할 수 있는 특허장을 허락받기 위해 슈투트가르트와 다름스타트로 갔다. 뷔르템베르크의 공작과 헤센의 영주는 당시 전쟁으로 황폐해지고 인구가 줄어든 지역에 신앙난민들을 받는 것에 긍정적이었다. 1699년 4월 22일 헤센의 영주인 에른스트 루드비히는 합의서에 서명하였다. '다름슈타트 합의서'는 다른 제후들과의 논의에 모범이 되었다. 짧은 시간 안에 헤센-홈부르크의 영주 프리드리히 2세(Friedrich II), 나사우-샤움부르크의 여제후 엘리자베스 샬롯데(Elisabeth Charlotte), 뷔르템베르크의 공작 에버하르드 루드비히 역시도 그들의 지역적 상황에 맞게 합의를 맺었다. 팔케니어는 모든 합의서들에 직접 서명하였다. 독일 개신교 지역들과 맺어진 합의는 '조약'(Traktats), 즉 국제적인 협약의 성격을 갖는 것이었다. 이렇게 왈도파에게 주어진 권리는 네덜란드의 외교적인 노력을 통하여 보장되었다.

그럼 왈도파 신앙난민들에게 어떤 권리가 보장되었을까? 각 가정이 토지와 집과 뜰을 소유로 받았고, 10년간 세금면제와 농노로서 신분보장을 받았다. 그리고 공적으로나 사적으로 개혁파 신앙을 영위할 권리를 얻었을 뿐 아니라 국가가 경제적 부양을 책임지는 목사, 교회의 권징을 행사하는 권리, 예배를 드릴 수 있는 예배당, 자녀들을 교육하는 학교 교사 등도 지원받았다. 더 나아가 교회 예배와 학교 교육에서 프랑스어를 사용할 수 있게 배려되었다. 마지막으로, 왈도파 사람들은 자신들이 흩어져 사는 각 지역에서 하급 재판을 하는 관료도 선출할 수 있었다. 이러한 합의 속에서 팔케니어는 매우 구체적인 사안에 이르기까지 왈도파 신앙난민들이 낯선 땅에서 어려움 없이 정착

뫼르텔덴-발도르프에 있는 피테르 팔케니어 거리

할 수 있도록 실질적인 성과를 끌어냈다. 그는 각 가정에 다음해 수확기까지 빵 만드는 곡물을 공급하였고, 농사에 필요한 다양한 도구와 가축을 마련해 주었다. 이 불쌍한 정착민들에게 생활에 필요한 모든 것을 제공했고, 국가의 지원금 분배를 감독했으며, 모든 희망사항과 불만사항이 온만히 해결될 수 있도록 도왔다. 그들은 많은 배려 속에서 다양한 권리를 누릴 수 있게 되었는데, 이 모든 것은 팔케니어가 힘쓴 덕분이었다. 그밖에도 그는 왈도파 신앙난민들의 정착 과정에 나타난 수많은 문제를 해결하기 위해 부단히 노력하였다.

독일에 왈도파가 정착할 수 있었던 것은 진정 팔케니어의 지칠 줄 모르는 헌신 덕분이었다. 그럼 그가 왈도파를 위해 헌신한 이유는 무엇일까? 먼저, 그는 네덜란드 개혁파 신자로서 유럽에서 박해를 받는 모든 개혁파 신자들에 대한 연민을 가지고 있었기 때문이다. 대표적으로 프랑스, 팔츠 선제후국, 헝가리 등에서 고난받고 있는 개혁파 신자들에 대해 깊은 연대의식을 가지고 있었다. 다음으로, 왈도파 교회의 보존이 특히 그에게 중요하다고 여겨진 이유는 "그들은 700년 이상 자신들을 괴롭힌 교황주의자들의 박해에도 불구하고 복음의 순수성을 지켰기 때문이다"는 그의 회고에서 확인할 수 있다. 팔케니어는 제네바 교회의 테오도르 베자와 취리히 교회의 안톤 클링어가 언급한 것처럼 왈도파 사람들을 '종교개혁 이전의 개혁파 신자들'로 굳게 믿고 있었다.

헤센에 있는 왈도파 정착지 가운데 한 마을인 발도르프(현재 뫼르펠덴-발도르프, Mörfelden-Walldorf)에 네덜란드 외교관이었던 피터르 팔케니어를 기리기 위한 '피터르 팔케니어 거리'(Pieter-Valkenier-Allee)는 결코 우연히 만들어진 것이 아니다.

(2) 왈도파 신앙난민들의 지역 편입

왈도파(와 위그노) 신앙난민들은 남부 독일에서 소수였다. 당시 그들은 그곳 전체 인구의 1퍼센트 정도에 불과했다. 그럼에도 불구하고 이주민들과 현지인들 사이에 갈등의 요소가 많았는데 출신지, 언어, 신앙 등이 그 중심에 있었다. 왈도파 사람들은 예배 언어로 프랑스 방언을 사용하였다. 그들의 일상어도 오랫동안 독일어나 슈바벤 사투리가 아닌 동일한 언어였다. 그들은 이 프로방스어를 고향에서 가져왔으며 프랑스 표준어보다 더 오랫동안 - 부분적으로 - 지난 세기 1930년대까지 사용하였다. 이 언어 사용은 독일어를 사용하는 주변 지역과 일종의 언어적인 격리를 자초하는 것이었다.

이 언어적인 차이로 왈도파 신앙난민들이 받은 의심은 결코 놀라운 일은 아니었다. 하지만 다른 중요한 문제도 있었다. 그들의 거주지는 특히 뷔르템베르크와 바덴의 루터파 지역 안에 있는 개혁파 구역이 되었다. 개혁파 신앙고백의 허용은 교회 질서와 관련하여 필연적으로 루터파 지역에서 매우 낯선 일로 여겨질 수밖에 없었다. 그리고 왈도파 신자들은 스스로 목사를 세울 수 있는 권리도 가지고 있었다. 당연히, 뷔르템베르크와 바덴의 중앙집권적인 루터파 교회에서는 허용될 수 없는 사안이었다. 그밖에 다른 갈등 요소는 학교 교육에서 프랑스어 사용과 교회에서 권징의 시행과 관련이 있었다. 뷔르템베르크와 바덴의 국가교회에서 권징은 왈도파 교회와 다르게 교회와 국가의 위계적인 관계 속에서 시행되고 있었기 때문이다. 무엇보다도, 왈도파 교회가 다른 제후국에서 온 참가자들과 자유롭게 종교회의를 개최할 수 있는 것도 뜨거운 논쟁거리였다. 대부분

1699-1701년 뷔르템베르크의 왈도파 정착지

종교회의는 뷔르템베르크의 한 도시에서 열렸으나 이따금 바덴의 포르츠하임에서도 열렸는데, 이 종교회의에 개혁파 신앙을 추구한 왈도파 교회가 참여하는 것에 대해 뷔르템베르크의 루터파 교회는 부정적으로 반응하였다. 그럼에도 불구하고 왈도파 교회는 남부 독일에서 4세대를 넘어서까지 신앙의 고유성을 유지하였다.

물론, 남부 독일의 연방의회 의원들의 시선도 곱지 않았다. 왜냐하면 왈도파 신앙난민들이 '구제기금'(사회보장기금)을 통하여 지역사회의 보살핌을 받는 것에 대해 못마땅하게 생각했기 때문이다. 실제로, 왈도파 정착민들은 절망적 상황에서 남부 독일로 이주했지만, 이곳에서 경제적 안정을 누리는 것은 힘들었다. 낯선 이방인들로서 부유한 생활을 위한 조건들은 애초부터 기대할 수 없었다. 그들에게 할당된 토지는 대부분 곡식이 잘 자라기 힘든 척박한 곳에 있었다. 그리고 경제적 상황을 더 어렵게 만든 것은 왈도파 사람들의 고유한 삶으로 인하여 그들이 일반적 사회발전에 빨리 적응하지 못했기 때문이다. 더욱이, 네덜란드와 영국으로부터 지원이 끊겼을 때 왈도파는 독립적으로 생존하는 것도 쉽지 않았다. 교회와 학교를 유지하고, 목사의 사례비를 지급하는 것도 힘들었다.

1796년에 안드레아스 켈러(Andreas Keller) 목사는 비텐베르크 왈도파의 역사와 뷔르템베르크에서 왈도파 피난민 정착지의 전반적 형편을 암울하게 묘사한 일기장을 출간하였다. 켈러의 저술은 정부가 행동에 나서도록 만들었는데, 국가적 복지의 의미에서 가난한 왈도파 사람들에게 도움의 손길을 펼쳤다. 당시 그 지역의 의식 있는 사람들은 왈도파 신앙난민들을 받아들일 때, 그들에게 제공해 준 많은 특권이 오히려 국가의 사회적 발전에 그들의 참여를 가로막는 장애물이 된다는 사실을 깨달았다. 무엇보다도, 교회와 학교에서 프랑스어 사용이 외부를 향한 개방을 방해한다는 것이 밝혀졌다. 그 결과로, 1823년 뷔르템베르크에서 프랑스어 사용이 금지되었다. 그리고 독일어를 사용하는 목사들과 교사들이 참여할 수 있는 길이 열렸다. 왈도파 사람들이 독일 국민으로서 뷔르템베르크와 그곳 국가교회에 완전히 통합될 수 있었다. 이러한 유사한 상황이 1820년에 헤센-다름슈타트 영지와 1821년에 바덴에서도 발생하였다.

1817년에 종교개혁 기념일은 개신교 교파들의 상호관계를 새롭게 정립하는 좋은 계기를 제공하였다. 여러 나라에서 루터파 교회와 개혁파 교회의 연합을 통해서 신앙고백의 차이를 극복하려는 노력이 시도되었다. 결과적으로, 1821년에 바덴에서 열린 종교회의를 통해서 루터파 교회와 개혁파 교회의 연합이 극적으로 성사되었다. 그렇지만 뷔르템베르크에서 교회연합은 선택사항이 아니었다. 왈도파(와 위그노) 사람들은 이 지역의 80만 개신교도들 가운데 0.2퍼센트에 불과한 소수였다. 이 때문에 이곳 지도자들은 소수 개혁파 교회들을 의도적으로 복음적 국가교회(루터파 교회)로 편입시키기로 결정하였다.

뷔르템베르크에서 1823년에 마지막 개혁파 교회의 총회가 개최되었다. 이 총회의 총대들은 왈도파 교회가 루터파 국가교회와 통합하는 것에 대해 결의하였다. 그 결과로, 왈도파 교회와 학교에서 독일어가 사용되었다. 그리고 왈도파 회중들은 자체적으로 목사를 선택하는 권리도 포기하였다. 이는 1823년 9월 7일과 19일에 발표된 총회 규정에서 최종적으로 확정되었다. 다만, 왈도파 회중들은 양심의 가책을 피하기 위해 특별히 성만찬에서 루터파 교회에서 흔히 사용하는 성체 대신 누룩을 넣은 빵을 계속 사용하였다. 그 결과로, 국가가 주도한 교회통합과 더불어 서서히 변화가 일어났다. 1823년에 왈도파 교회가 다소 무시당했다는 비난은 완전히 부인할 수 없다. 그러나 당시 시대적 상황은 교파적인 신앙고백의 차이를 더 이상 진지하게 받아들이지 않았다. 물론, 왈도파 사람들의 열악한 상황은 짧은 시간 내에 크게 달라지지 않았다. 그들의 경제적 안정은 2차 세계대전 이후 농업의 쇠퇴 속에서 발전한 산업화와 함께 비로소 근본적 변화를 가져왔다.

왈도파 후손들은 긴 시간의 흐름 속에서 훌륭한 '슈바벤 사람' 또는 '헤센 사람'이 되었다. 그들의 마을과 도시는 독일 남부의 다른 마을과 도시처럼 아름답게 꾸며졌다. 그럼에도 불구하고 왈도파의 민족주의 성향은 1823년 이후에도 여전히 남아 있었다. 1889년에 처음으로 뷔르템베르크의 왈도파 후손들은 이탈리아를 여행하였다. 오늘날에도 왈도파의 후손들에게 이 여행은 의무적인 프로그램으로 인식되고 있다. 그 밖에도 현재 독일의 왈도파 후손들과 왈도파 계곡의 출신자들 사이에 공동체적인 협력관계가 맺어졌다. 피에몬테의 왈도파 사람들도 헤센과 뷔르템베르크를 방문하였고, 지금도 교류는 계속되고 있다. 코티안 알프스 계곡에서 추방당한 왈도파 신앙난민들이 독일 남부에 정착한 역사는 여러 사람의 헌신 가운데 그곳 정부의 법적 규정, 질서 있는 수용, 거주지 제공, 종교적 관용과 통합을 통해서 이루어진 매우 성공적인 사건이라고 할 수 있다. 중세 시대로부터 지속된 종교적 박해의 역사에서 우리가 결코 잊어서는 안 될 기념비적인 열매이다.

(3) 왈도파의 현재

왈도파 역사에서 17세기는 순교의 서사시처럼 전개되었다. 피에몬테의 부활절, 대량학살, 추방과 영광스러운 귀환, 강요된 통합 등은 소멸하지 않은 불꽃처럼 보이는 겸손한 백성의 여정이었다. 왈도파의 뿌리는 깊고 강인하다. 매번 박해에서 살아남아 다시 회복하였기 때문이다. 특별히, 이를 위해 몇몇 위대한 인물들과 헌신적인 영웅들이 등장하였는데, 그들은 이스라엘 역사의 사사들을 연상시킨다. 장 레제, 조슈아 자나벨, 앙리 아르노 등은 힘겨운 투쟁의 시기에 매우 중요한 역할을 하였다. 비록 그들의 인물됨과 활약상은 전부 밝혀지지 않았지만, 수많은 역사가들은 언제나 그들의 헌신을 칭송하는 것에 인색하지 않았다. 분명히, 왈도파의 긴 역사는 – 중세 시대부터 신앙운동이 시작되면서 – 빼어난 '독창'보다는 웅장한 '합창'처럼 들린다.

여기서 언급된 내용은 왈도파 교회의 역사이기도 하다. 그러므로 수많은 전투와 학살에 집중한 나머지 왈도파 교회를 잊어서는 안 된다. 그리고 우리는 숱한 비극적인 사건들이, 물론 여기에서 충분히 다루지 않았지만, 때로 왈도파 교회의 분열, 공적인 예배의 중단, 영적이고 신학적인 사고의 황폐화 등을 가져왔다는 사실도 알아야 한다. 현재 왈도파 신앙고백서는 1655년에 작성된 것이다. 이 신앙고백서가 극심한 박해의 시기에 생겨났다는 사실은 여러 세대의 신자들에게 참된 신앙은 우리가 처한 현실과 상관이 없음을 주목하게 한다. 왈도파 역사는 고난 속에서도 참된 신앙의 엄청난 생명력을 잘 드러내고 있다. 한 실례로, 사보이 공국의 군대가 코티안 알프스 계곡에서 왈도파 사람들을 몰살시키려고 했던 시기에, 그들은 하나님을 온전히 의

지하며 자신들의 디아스포라(Diaspora)를 중세 시대의 확장기처럼 다시 세웠다.

짧지만 유럽의 개신교 나라들이 왈도파를 어떻게 도왔는지도 살폈다. 스위스, 네덜란드, 영국, 남부 독일의 제후국들이 가장 큰 힘이 되었지만, 여기에 소개되지 않은 다른 많은 나라들도 왈도파와 함께 했음을 잊지 않아야 한다. 왈도파 신앙난민들을 위해 전체 유럽이 움직였고, 문호를 개방하였다. 뷔르템베르크, 바덴, 헤센 등에 왈도파 신앙난민들의 마을들이 세워졌다. 코티안 알프스 계곡에서 생존하고 있는 박해와 약탈로 인구가 감소된 왈도파의 재건을 위해 갖가지 구호물자들이 들어왔다. 유럽의 유명한 대학교들에서 재학 중인 왈도파 학생들을 위해 장학금이 마련되었고, 목회의 소명을 가진 젊은이들이 탄탄한 신학교육을 받을 수 있는 길이 열렸다.

이렇게 해서 소수의 왈도파 신앙난민들은 신학적으로나 학문적으로 잘 훈련된 목사들과 교사들을 배출하였다. 그들은 17세기 이탈리아에서 승전가를 울리던 반종교개혁의 공격에 대항할 수 있었다. 그리고 알프스 계곡의 협소하고 열악했던 삶을 지배했던 강압적 제약들을 복음적 일치 안에서 서로에 대한 형제적 신뢰와 연합을 통하여 무너뜨릴 수 있었다.

18세기와 19세기 초에 왈도파 사람들은 알프스 계곡에서 자신들의 고유한 거주지를 형성하고 살았다. 그들에게 완전한 시민권과 종교의 실천이 자신들의 거주지 밖에서도 보장된 것은 1848년에 이르러서이다. 이를 계기로, 왈도파 교회는 이탈리아 전역으로 퍼졌다. 단기간에 이탈리아에 새로운 왈도파 교회들이 세워졌고, 이 교회들을 통해서 수많은 공적인 일터들도 설립되었다. 즉, 학교, 병원, 양로원, 문화센터, 신학교, '크라우디

19세기 크라우디아나 출판사의 매서인

아나'(Claudiana) 출판사 등이 세워졌다.

　19세기 후반에 들어서면서 경제적 어려움으로 왈도파 계곡에서 또다시 불행이 찾아왔다. 이 때문에 많은 왈도파 사람들이 남미의 아르헨티나와 우루과이로 이주하였다. 새로 옮긴 곳에서도 왈도파 사람들은 스페인어를 사용하는 수많은 교회들을 세웠으며, 이 교회들은 지금도 여전히 존재한다. 현재 아르헨티나와 우루과이에 15,000여 명의 왈도파 후예들이 살고 있다.

(4) 현대 왈도파 교회의 특징

오늘날 왈도파 교회의 현주소를 알게 하는 세 가지 특징이 있는데, 그것은 신학, 섬김, 교회 연합으로 요약된다.

먼저, 왈도파 교회의 '신학'은 성경적이고 종교개혁적인 가르침에 기초되었고, 현대의 학문적인 논의를 신중하게 받아들이고, 복음적인 실천에 능동적이고, 공동체인 교회연합에 관심을 가지고 있다. 특별히, 왈도파 교회는 유럽 복음주의 교회연합(GEKE)의 창립 회원이다. 여기에는 유럽의 거의 모든 루터파 교회, 개혁파 교회, 연합 교회, 감리교회 등이 소속되어 있다. 이 교회들은 유럽 개신교 연합을 위해 1973년 《로이엔부르크 일치서》(Leuenberger Konkordie)에 서명하였다. 참고로, 《로이엔부르크 일치서》는 1529년 말부르크 종교회의 이래로 450년 동안 분열된 루터파 교회와 개혁파 교회 사이의 신학적 갈등을 종식시키고, 유럽의 루터파 교회, 개혁파 교회, 연합 교회 사이에 교회 일치를 확립하기 위해 마련된 것이다.

1973년 로이엔부르크 일치서의 서명자들

《로이엔부르크 일치서》에 근거하여 종교개혁 당시 루터파 교회와 개혁파 교회 사이에 있었던 서로에 대한 비난이 오늘날의 신학교육에서는 더 이상 영향을 주지 않는다. 루터파 교회와 개혁파 교회 사이에 합의된 성례의 입장은 다음과 같이 "예수 그리스도는 말씀 선포와 세례와 성찬, 즉 성례에서 성령을 통하여 현존하신다"라고 일치를 이루었기 때문이다. 현재 왈도파 교회는 말씀 선포와 성찬식에서 유럽의 모든 복음주의 교회들과 차이가 없다.

왈도파 교회의 두 번째 특징은 '섬김'이다. 오늘날에 국가 혹은 정치적 집단이 참여할 수 없거나 원치 않는 사회적 임무와 활동에 왈도파 교회가 참여하고 있다. 그리고 왈도파 교회가 설립한 다양한 기관들은 기본적으로 모든 사람에게 개방되어 있다. 그럼 왈도파 교회는 이러한 활동에 필요한 재원을 어떻게 마련할까? 이탈리아 정부는 1984년 이래로 헌법에 근거하여 종교기관이나 봉사단체의 활동을 위해 내는 세금인 '위임세'를 인정하였다. 이 위임세는 소득의 0.8%를 의무적으로 납부하는 것이다. 납세자가 세금신고서에 기록된 여러 적합한 단체 중에서 위임세를 할당할 곳을 지정하면, 정부는 납부된 위임세를 선택된 단체에 할당한다. 즉, 교회, 다른 종교단체, 정부의 공익사업, '그린피스'나 '국제 앰네스티' 같은 비영리 단체 등에 위임세가 할당되는 것이다. 2016년에 왈도파 교회는 대략 4천7백만 유로(Euro)를 종교적 위임세로 할당받았다. 2022년에는 대략 57만 명의 납세자들이 왈도파 교회를 위해 위임세를 결정한 것으로 알려져 있다.

이렇게 많은 위임세가 왈도파 교회에 활당되는 이유가 무엇일까? 많은 사람들이 왈도파 교회는 총회의 결정에 따라서

'교회를 위한 위임세 수익'을 교회조직의 운영과 목회자 부양을 위해 사용하지 않는다는 사실을 높이 평가한다. 교회의 필수적 비용은 왈도파 신자들의 자발적인 기여(헌금)를 통하여 채워진다. 현재 왈도파 교회가 지원하고 있는 프로젝트는 '지중해 희망'(Mediterranean Hope)이다. 이 단체는 이탈리아 복음주의 교회연합이 구상한 것으로 지중해 이민자들의 어려운 상황을 돕기 위해 마련된 것이다. 이와 관련하여 이탈리아 정부와 협력 속에서 왈도파 교회는 특별히 위급하고 박해받는 난민들이 인도주의적 이유로 비자를 받아서 항공편으로 이탈리아에 입국할 수 있도록 돕는 '인도주의 통로'라는 프로그램을 운영하고 있다. 그밖에 최근 몇 년 동안 아프리카와 중동에서 온 수천 명의 난민들이 이탈리아 사회에 최대한 적응하도록 돕기 위해 왈도파 교회의 복지시설에 수용되었다. 2019년에 왈도파 교회는 유엔난민기구(UNHCR)로부터 '유럽 난센 난민상'(European Nansen Prize)을 받았다.

왈도파 교회의 세 번째 특징은 '교회 연합'이다. 한 실례로, 수백 년 동안 로마가톨릭교회와 왈도파 교회는 박해 가해자와 박해 피해자로 있었다. 왈도파 교회가 파문된 지 850년 정도가 된 2015년 6월 22일에 로마 교황청의 프란체스코 교황은 처음으로 이탈리아 토리노에 있는 왈도파 교회를 방문해서 다음과 같이 고백하였다: "저는 당신들에게 교회 역사 속에서 우리 로마가톨릭교회가 왈도파 교회 신자들을 반대하여 행한 비기독교적이고 비인간적인 모든 행위와 관련된 박해에 대해 진심으로 용서를 구합니다. 예수 그리스도 이름으로 우리를 용서해 주시기 바랍니다."

2015년 8월에 왈도파 총회는 교황의 사죄를 "로마가톨릭교회가 우리 왈도파 교회와 함께 새로운 관계를 시작하려는" 분

이탈리아 밀라노에 있는 왈도파 교회의 주일예배

왈도파 신자들에게 용서를 구한 프란체스카 교황(2015년)

명한 의지로 평가하였다. 그리고 "이미 이러한 역사의 흐름에서 우리 왈도파 교회도 새로운 이야기를 쓸 준비가 되어 있다"고 밝혔다. 정말 놀라운 점은, 박해를 한 가해자와 박해를 받은 피해자가 서로 화해하고 형제자매가 되었다는 점이다.

촛대와 일곱 개의 별과 함께 "Lux lucet in tenebris"(빛은 어둠 속에서 빛난다)라는 글이 새겨진 문장은 왈도파 교회의 소명을 분명하게 나타낸 것이다. 긴 고난의 역사를 가지고 있는 왈도파 교회는 현재 비록 작지만 사회에 큰 빛을 발하고 있다. 고통스러웠던 과거에 연민를 두거나 자신을 호소하지 않고 늘 새로운 도전을 하고 있는 중이다. 특별히, 왈도파 교회가 있는 모든 지역에서 복음 증거와 함께 사회적으로 소외된 사람들을 위해 늘 헌신하려고 노력한다. 왈도파 교회는 공적인 책임과 관련하여 모든 교회의 한 모범이 될 것이다. 교회는 그 시대의 어둠을 밝히는 빛이어야 하기 때문이다.

"그리스도는 세상의 빛이다. 우리가 그리스도를 온전히 따른다면, 우리가 어둠에 있지 않을 것이며, 그리스도의 빛을 반사할 것이다. 우리가 그리스도의 빛을 반사한다면, 이 빛은 우리 삶의 모든 영역에서 큰 영향력을 발휘할 것이다." 아멘.

II
16세기 종교개혁과 박해 아래 교회

박상봉

1

종교개혁과 신앙박해

기독교 박해는 초대교회 때만 있었던 것이 아니다. 2000년 기독교 역사 속에서 끊임 없이 계속된 것이다. 지금도 세계 여러 곳에서 신자들은 박해 아래 있으며, 수많은 순교자들이 발생하고 있다.

초대교회의 박해는 A.D. 63년부터 313년까지 로마 제국에 의해서 일어났다. 7세기 초 이슬람이 등장한 이래로 소아시아와 동유럽 지역의 교회는 늘 어려움 가운데 있었다. 마틴 루터(Martin Luther)가 1517년 10월 31일 『95개조 반박문』을 게시함으로써 공론화된 종교개혁은 교황주의자들의 사악한 분노를 자아냈다. 종교재판의 이름으로 개신교도들에 대한 잔혹한 박해가 유럽 전역에서 자행될 수밖에 없었다. 로마 제국과 무슬림들의 박해는 다른 종교를 가진 사람들에 의한 것이었다. 하지만 로마가톨릭교회의 박해는 거짓 교회가 참된 교회를 핍박한 것이었다. 거짓과 허구가 가득 차고, 성례가 신성모독으로 대체되었으며, 예배가 참을 수 없을 만큼 다양한 미신 덩어리로 흉측하게 변해버린 로마가톨릭교회가 바른 말씀의 선포와 바른 성례의 시행을 주장한 개신교를 분파주의와 이단으로 정죄하며[26] 온갖 수단으로 괴롭혔다.

---

26 *INSTITUTIONIS CHRISTIANAE RELIGIONIS*(1559), Ioannis Calvini opera quae

유럽에서 발생한 교황주의자들의 신앙박해는 지역적 특성과 교파에 따라 긴 시간 동안 전개된 과정이었기 때문에, 그 박해의 종결 시점을 정확히 특정하기는 쉽지 않다. 이 글은 종교개혁 시대에 발생한 박해에 초점이 맞추어져 있다. 대략 유럽 전역에 루터의 종교개혁 사상이 전파된 1520년부터 프랑스에서 성 바돌로메 축일(Saint-Barthélemy)의 학살이 일어난 해인 1572년까지이다. 1570년 초는 하인리히 불링거(Heinrich Bullinger)를 제외한 2세대 종교개혁자들이 역사의 뒤안길로 사라지고, 초기 정통주의자들이 활동을 막 시작한 때이다. 이렇게 특정된 시간의 범위 안에서 한국 교회에 거의 알려지지 않은 종교개혁 당시 프랑스, 잉글랜드, 이탈리아, 스페인에서 발생한 박해를 소개하는 데 관심을 둔 것이다.

(1) 종교개혁 시대의 박해 원인

루터가 1517년 10월 31일 비텐베르크 성당의 정문에 『95개조 반박문』을 내걸었을 때 종교개혁은 곧바로 독일을 넘어 유럽 전역에서 공론화되었다. 1520년대에 들어서면서 종교개혁에 대한 열망은 로마가톨릭교회에 대한 개혁의 필요성을 절실히 깨닫고 있던 사람들에게서 직접적으로 표출되었다. 루터가 1521년 신성로마제국의 보름스 제국회의에서 교황들과 종교회의들이 거듭해서 오류를 범하고 모순을 일으켰던 것과 관련하여 로마가톨릭교회를 신뢰할 수

---

supersunt omnia, ed. von W. Baum, E. Cunitz und E. Reuss, Vol. XXX, (Braunschweig: APUD C. A. SCHWETSCHKE ET FILIUM, 1864), VI.2,1-5.

없다고 선언하였다.[27] 그때로부터 종교개혁은 더 이상 외면할 수 없는 그 시대의 소명이 되었다. 독일을 기점으로 종교개혁의 물결이 스위스, 프랑스, 영국, 이탈리아, 스페인 등의 서부 유럽과 동부 유럽의 여러 나라들을 휩쓸었다. 그러나 로마가톨릭교회를 향해 개혁을 부르짖은 그 시대의 삶은 전체적으로 몹시 고달프고 고통스러운 것이었다. 어떤 지역에서는 나름 순탄했지만, 어떤 지역에서는 수많은 사람들이 고난을 피할 수 없었다. 고문을 당하거나 투옥되었고, 목숨을 잃어야 했으며, 삶의 터전을 등지고 나그네로 살아야만 했기 때문이다.

한 실례로, 종교개혁의 열망이 가장 뜨겁게 표출되었던 스페인 바야돌리드(Valladolid)에서 열린 종교재판은 매우 끔찍했다. 개신교 공동체를 이끌었던 아우구스티노 데 카잘라 비베로(Augustino de Cazalla Vibero)는 이단으로 기소되어 1559년 5월 21일 종교재판의 공개판결(auto de fe)에서 목이 졸려 죽은 후에 다른 13명의 신자들과 함께 화형당했다.

이때 그의 가족도 이 참극을 피할 수 없었다. 다섯 형제들은 가담 정도에 따라서 모든 재산을 몰수당하고 투옥되거나 죽음을 피할 수 없었다. 심지어 병고로 이미 사망한 모친의 유골은 무덤에서 파내어 불태워졌다. 이처럼 종교개혁 사상을 받아들인 것 때문에 한 가문이 비극적 결말에 이르는 것은 결코 낯선 장면이 아니었

27　Heiko A. Oberman, "31. Bericht über Luthers Auftreten vor dem Reichstag (17. und 18. April 1521)", *Die Kirche im Zeitalter der Reformation*, Kirchen- und Theologiegeschichte in Quellen, (Neukirchen-Vluyn: Neukirchen Verlag, 2004), 61: "... denn weder dem Papst, noch dem Konzilien allein vermag ich zu glauben, da es feststeht, dass sie wiederholt geirrt und sich selbst widersprochen haben ..." 루터는 1521년 4월 17-18일 보름스 제국회의에서 '종교의 자유에 대한 신기원'으로 간주되는 자신의 신앙적 입장을 밝히면서 로마가톨릭교회와 결별을 선언했다.

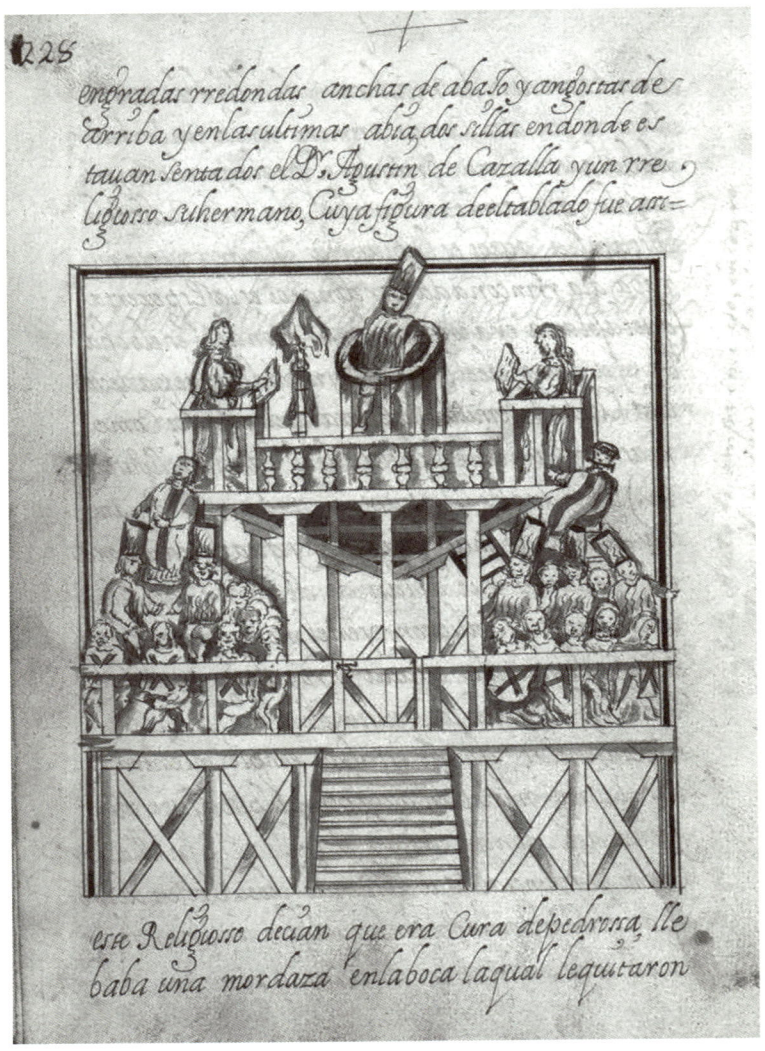

1559년 카잘라의 공개 종교재판 장면(스페인 국립 보관소)

다.[28] 종교개혁의 시대에 바른 신앙과 바른 교회를 위해 수많은 신자들이 사단의 집요한 방해 속에서 혹독한 대가를 치렀다. 우리에게 남겨진 종교개혁의 유산에는 순교자들이 흘린 피가 담겨 있다. 그리고 삶과 죽음 사이를 오가는 박해 속에서도 바른 신앙과 바른 교회를 보존하고 세우기 위해 분투한 신자들의 헌신도 담겨 있다.

이미 잘 알려진 것처럼, 종교개혁의 핵심은 새로운 교회를 세우는 것에 있지 않았다. 선지자들과 사도들의 가르침에 근거한 정통 신앙의 터[29] 위에서 스스로 갱신하는 것을 원치 않은 거짓된 교회를 개혁하기 위하여 교회 분리는 자연스럽게 이루어졌다.[30] 장 깔뱅(Jean Calvin)이 밝힌 것처럼, 신성모독으로 더럽혀지지 않기 위해 우

---

[28] Doris Moreno, "El protestantismo castellano revisitado: geografía y recepción", *REFORMA Y DISIDENCIA RELIGIOSA*, Michel Boeglin, Ignasi Fernández Terricabras et David Kahn (eds.), (Madrid: Casa de Velázquez, 2018), 181-197.

[29] 하인리히 불링거, "거룩한 보편교회란 무엇인가?"(50편 설교집의 41편 설교), 『불링거의 교회론』, 박상봉·강승완 옮김, (수원: 합동신학대학원출판부, 2019), 90-91: "하나님의 교회는 그분의 말씀에 근거하여 확고하고 지속적인 사명을 감당하기 때문에 선지자적이고 사도적이며 그리고 정통신앙적이라고 명칭될 수 있습니다. 선지자적이고 사도적으로 명칭되는 것은, 교회가 처음부터 선지자들과 사도들의 사역으로 세워졌고, 그들의 가르침을 통하여 오늘날까지도 보존되었으며 또 세상 끝날까지 확장될 것이기 때문입니다. 그리고 정통신앙적이라고 명칭되는 것은, 교회가 참된 가르침과 바른 신앙을 소유하고 있기 때문입니다."

[30] Confessio Gallicana(1559) XXVII: "Sous cette créance nous protestons que là où la parole de Dieu n'est point reçue, et où on ne fait nulle profession de s'assujettir à elle, et où il n'y a nul usage des sacrements, à parler proprement, on ne peut juger qu'il y ait aucune Eglise. Partant, nous condamnons les assemblées de la papauté, vu que la pure vérité de Dieu en est bannie, esquelles les sacrements sont corrompus, abâtardis, falsifiés ou anéantis du tout; et esquelles toutes superstitions et idolâtries ont la vogue. Nous tenons donc que tous ceux qui se mêlent en tels actes, et y communiquent, se séparent et se retranchent du corps de Jésus-Christ. ……"

장 깔뱅(동판화)

상숭배, 미신, 불경건한 교리로 오염된 교회로부터 떠날 수밖에 없었다.[31] 그러므로 개신교는 로마가톨릭교회로부터 분리되어 세워진 교회가 아니다. 그 교회와 다르다는 것을 말하지도 않는다. 오히려, 성경에 근거한 정통 신앙으로 돌아가고, 교회-교리사적으로 검증된 보편교회(Ecclesia Catholica)로서 참된 교회를 회복했다는 것을 의미한다. 종교개혁 사상은 근본적으로 1500년 교회의 역사 속에서 전통적으로 계승되어 온 성경 진리에 기초하고 있다. '오직 성경'(Sola Scriptura), 즉 성경만이 교회의 무오하고 유일한 '신앙의 규범'(Regula Fidei)[32]임을 존중한다. 성경의 가르침과 충돌이 없는 초대교회로부터 계승되어 온 고대 신조, 공의회의 교리적 결정, 교부들의 저술, 중세의 신학적 진술, 성경인문주의자들의 논의 등을 신중히 살피면서 정리된 것이다. 종교개혁자들은 교회의 신학적 전통을 거부하지 않았다. 역사적으로 논의된 모든 신학적 내용을 성경의 가르침에 따라서 검증하고 평가하여 일치하지 않는 거짓 주장이나 결정들을 거부했을 뿐이다. 이같이 로마가톨릭교회가 정통 신앙에서 벗어났을 때, 이를 본래의 자리로 되돌려놓는 역할을 한 것이다. 그리고 이를 통해서 거짓 교리, 우상숭배, 무죄한 순교자들의 피로 가득 채워진 로마가톨릭교회의 권좌를 떠나서 개혁된 교회가 세워진 것은 매우 필연적인 현상이었다. 적그리스도로 상징되는 교황, 극도로 부패한 교회의 지도자들, 교회의 내적이고 외적인 표지를 잃어버린 거짓된 교회로부터 분리되어 정통 신앙에 근거하여 예수

---

31 *INSTITUTIONIS CHRISTIANAE RELIGIONIS*(1559), Ioannis Calvini opera quae supersunt omnia, ed. von W. Baum, E. Cunitz and E. Reuss, Vol. XXX, (Braunschweig: APUD C. A. SCHWETSCHKE ET FILIUM, 1864), IV.2,9-10.

32 에미디오 캄피, 『스위스 종교개혁: 쯔빙글리·베르밀리·불링거』, 김병훈 외 4인 (수원: 합동대학원출판부: 2015), 16.

하인리히 불링거(동판화)

그리스도가 통치하는 개혁된 교회(Ecclessia Reformata)로 모이는 것은 당연한 결과였다. 그런 까닭에 하인리히 불링거는 《스위스 제2 신앙고백서》에서 매우 신중한 태도로 다음과 같이 선언하였다:

> 로마 교황의 권좌와 로마 교회로부터 분리되는 것은 당연히 허용되었을 뿐 아니라 필수적이다. 왜냐하면 하나님으로부터 거룩한 사도들을 통해서 명령되었기 때문이다. 만일 우리가 사도들의 가르침을 따르지 않는다면, 우리는 구원받지 못할 수도 있다.[33]

로마가톨릭교회와 개신교 사이의 신학적 논쟁은 단순히 교회 안에서만 벌어진 것이 아니다. 교회의 담장을 넘어 삶의 전(全) 영역에서 전개되었다. 유럽에서 1500년 동안 유지되어 온 교회의 모습에 변화가 왔을 때, 로마가톨릭교회는 새롭게 등장한 개신교(Protestantische Kirche)를 가만두지 않았다. 종교개혁자들과 그들의 사상을 따르는 신자들을 교회의 권위에 도전하고 또 신학적 전통을 거부하는 위협 세력으로 간주했기 때문이다. 특별히, 왕권과 사회질서에 대한 변화를 원치 않았던 국가(군주)와 협력하여 교황주의 체제와 이를 떠받치고 있는 신학적 전통을 지켜내기 위해 생명의 위협을 주는 파문(Exkommunication)[34]과 중세 시대에 악명 높았던 종교재판의

---

[33] Sermonum Descades quinque, de potissimis christianae religionis capitibus, in tres tomos digestae, authore Heinrycho Bullingero, ecclesiae Tigurinae ministro, (Zürich: Christoph Froschauer, 1552), 783: "Proinde discessus ille noster a sede vel ab ecclesia Romana non modo licitus, sed et necessarius est, quippe mandatus nobis ab ipso domino per sanctos apostolos, quibus nisi obediamus, salvari nequaquam poterimus."

[34] 교황 레오 10세(Leo X)은 1521년 1월 3일에 출교 교서인 "로마 교황의 선언"(Decet Romanum Pontificem)을 통하여 루터가 이단자임을 공포하였다. 그리고 보름스 제국회의에 참석해서 종교개혁의 입장을 밝혔던 루터에게 신성로마제국의 황

1555년 아우그스부르크 제국회의

망령을 다시 끄집어냈다. 그리하여 유럽 전역에서 종교개혁을 반대하는 신앙적 투쟁과 개신교도들에 대한 무자비한 박해가 이루어진 것이다.

16세기 종교개혁은 정부나 군주의 지지 없이 한 지역에 안착할 수 없었다. 1555년 《아우그스부르크 종교평화협정》(Augsburger Religionsfrieden)을 통해서 한 나라에서 정부나 군주가 결정한 정책에 따

제 카를 5세(Karl V)는 1521년 5월 26일에 보름스 칙령을 통하여 이단자임을 선언했다. (루돌프 마우, 『복음주의 운동과 초기 개혁(1521-1532)』, 권진호 옮김, (천안: 호서대학교출판부, 2015), 57.

라서 그곳의 종교가 결정되었다. 즉, '자신의 지역, 자신의 종교'(cuius regio, eius religio) 원칙이 공식화되었다. 하지만 이 원칙은 봉건주의 체제 속에서 이미 종교개혁 초기부터 모든 나라에서 작동되고 있었다. 신앙을 자유롭게 선택할 수 있는 개인의 자유가 극히 제한된 현실에서 이 원칙에 근거하여 그 나라에 속한 사람들의 신앙이 결정되었기 때문이다. 만약 어떤 사람이 정부나 군주에 의해 결정된 '종교 정책'을 따르지 않으려면, 그는 국가의 공권력 아래서 투옥되거나 목숨 잃을 각오뿐 아니라, 삶의 터전을 버리고 다른 나라로 망명할 각오를 해야 했다. 그러므로 '자신의 지역, 자신의 종교' 원칙이 황제, 왕, 영주 등과 같은 국가 권력자가 어떤 신앙고백을 선택하느냐에 따라서 종교개혁의 양상은 완전히 달라졌다. 개신교도들에 대한 박해가 일어난 프랑스, 잉글랜드, 이탈리아, 스페인은 절대왕조 아래서 군주의 선택에 따라서 한 교파(로마가톨릭교회)만 인정되었다. 이 때문에 교황의 압력만이 아니라, 왕권과 기존 사회질서의 변화나 손상을 싫어했던 군주들도 개신교의 등장을 결코 용납하지 않았다. 이러한 나라들에서 개신교도들은 특별히 많은 사람들의 미움을 받도록 거의 운명 지워졌다고 말한 깔뱅의 고백이 현실화되었다.[35] 그들은 혹독한 박해 속에서 예수 그리스도의 복음과 교회를 위해 죽음을 각오한 신앙의 싸움을 감당해야 했다.

종교개혁 시대에 개신교도들에게 가해진 박해는 법적 형벌, 투옥, 재산 몰수, 추방, 처형 등 다양한 형태로 이루어졌다. 개인의 삶과 종교, 정치, 사회 전반에 걸쳐 중대한 영향을 미친 박해는 개신

---

35   William J. Bouwsma, *John Calvin*, (New York·Oxford: Oxford University Press, 1988), 184.

교도들에게 투옥, 죽음, 망명 등을 선택하도록 내몰았다. 이러한 박해와 관련하여 나타난 다른 현상도 있었다. 삶의 터전을 떠날 수 없는 상황 속에서 자신의 신앙을 숨기고 로마가톨릭교회의 미사에 참여했던 사람들이 있었다. 결코 교황주의 신앙을 원치 않았지만, 박해받는 두려움과 현실적 어려움 때문에 이중적 신앙생활을 한 것이다. 깔뱅은 이러한 사람들을 일컬어 '니고데모주의자들'(Nicodemites)[36]로 규정하였다. 물론, '니고데모주의'는 특정한 신학적 사상이나 운동이 아닌 신앙적 태도를 가리킨다. 현실의 고난을 피하기 위해 의도적으로 위장된 신앙의 태도를 취한 것으로 이해할 수 있다. 이같이 위장된 신앙을 가진 사람들을 제외하고, 종교개혁 사상을 받아들인 사람들은 로마가톨릭교회와 군주들로부터 박해를 받았다. 투옥되거나 죽임당하고, 조상 대대로 살았던 삶의 터전을 떠나 신앙의 자유를 인정해 주는 낯선 나라로 도망쳐야만 했다.

---

36 '니고데모주의자들'은 깔뱅이 프랑스에 있는 내적으로 개신교 신앙을 받아들이면서도, 외적으로 로마가톨릭교회의 의식(미사와 성례)에 계속해서 참가하는 사람들에게 적용한 용어이다. 개신교 신앙을 가진 사람들이 복음서에 기록된 니고데모를 본보기로 하여 자신들의 신앙적 태도를 변명하는 것 때문에 지칭된 것이다. 매우 흥미롭게도 니고데모주의는 프랑스뿐 아니라 종교적 박해가 일어난 나라들과 지역들에서도 첨예한 문제가 된 신학적 주제였다. (요한 칼뱅, 『니고데모파에게 주는 변명』(1544), 칼뱅작품선집 V권, 박건택 편역, (서울: 총신대학교출판부, 1998), 68.)

(2) 프랑스, 잉글랜드, 이탈리아, 스페인에서 일어난 박해

프랑스 위그노에 대한 박해

프랑스에서 종교개혁과 관련된 박해는 1520년대 초부터 시작되었다. 그리고 프랑수와 1세가 치세했던 1547년까지 프랑스 왕실 재판소(French royal Parlements)[37]를 통하여 500여 명의 개신교도들이 이단으로 간주되어 화형에 처해진 것으로 알려져 있다.[38] 물론, 이 시기에 프랑스 개신교도(위그노)들에 대한 박해만 있지 않았다. 이미 밝힌 것처럼, 1545년 메린돌 학살(Massacre de Mérindol) 같은 왈도파에 대한 잔혹한 박해도 있었다. 프랑스 왈도파 마을인 메린돌에서 프랑수와 1세의 명령으로 3,000여 명이 학살을 당했고, 670여 명은 갤리선의 노예로 팔렸다. 모든 농작물들과 가축들도 심각한 피해를 입었는데, 이 때문에 굶어 죽거나 망명길에 오른 사람들도 셀 수 없이 많았다.

프랑스에서 가장 먼저 일어난 박해는 파리 근교의 모(Meaux) 지

---

37 1559년까지 프랑스 왕실 재판소는 10개 도시에 설치되어 있었다. 파리, 툴루즈, 루앙, 액상-프로방스, 보르도, 디종, 그르노블, 렌, 샹베리, 피에몬테의 토리노(현재는 이탈리아 영토)이다. 1559년에 샹베리와 토리노에 있는 프랑스 왕실 재판소는 '카토-캉브레지'(Cateau-Cambrésis) 조약에 의해 두 영토가 세습 통치자에게 반환되면서 폐지되었다. (William Monter, "France: the failure of repression, 1520-1563", *LA RÉFORME EN FRANCE ET EN ITALIE*, Philip Benedict, Silvana Seidel Menchi et Alain Tallon (dir.), (Rome: Publications de l'École française de Rome, 2007), 466.)

38 Monter, "France: the failure of repression, 1520-1563", 465. 프랑스에서 이단 재판은 교회의 관할이 아니라 세속 법원(프랑스 왕실 재판소)을 통해서 이루어졌기 때문에 유럽의 다른 나라들보다 훨씬 가혹하게 처벌되었다. 이 내용들은 1548년에 제네바로 망명한 장 크레스뺑(Jean Crespin)이 1554년에 쓴 『순교자의 역사 *Histoire des Martyrs*』을 통해서 알려졌다.

기욤 브리송네(동판화)

역에서 일어났다. 1521년에 그곳 주교이자 종교개혁에 관심을 가졌던 기욤 브리송네(Guillaume Briçonnet)[39]는 유명한 성경인문주의자들을 불러 모았다. 그리고 당시 프랑스 인문주의를 대표했던 야콥 르페브르 데타블(Jacques Lefèvre d'Étaples)의 주도 아래서 소위 "모의 다락방"(Cénacle de Meaux)이 구성되었다. 이 모임에 참여한 인물들은 기욤 파렐(Guillaume Farel), 프랑수아 바타블(François Vatable), 야콥 파바네스(Jacques Pavanes), 장 발리에르(Jean Vallière), 제라드 루셀(Gérard Roussel), 마샬 마주리에(Martial Mazurier), 미셸 다랑드(Michel d'Arande), 피에르 카롤리(Pierre Caroli), 조도쿠스 클리토베(Jodocus Clichtove) 등이었다. 당시 평신도 중에는 장 르클레르(Jean Leclerc) 같은 양모 장인들도 매우 적극적으로 모의 다락방에 관심을 가졌다. 여기에 모인 사람들은 성경을 원어로 연구했다. 그리고 그 연구된 내용에 근거하여 당시 로마가톨릭교회의 전통을 비판했을 뿐 아니라, 루터의 종교개혁 사상을 옹호했다. 그들은 성경을 자국어로 번역하고, 루터의 저술들을 지속적으로 소개했다. 물론, 모의 다락방에 참여한 인물들 중에는 루터의 종교개혁 사상을 따르지 않은 자들도 있었다. 이 때문에 신학적 갈등이 발생했으며, 루터를 신뢰했던 몇몇 사람들은 박해가 일어나기 전에 이 지역을 떠났다.

　　모의 다락방은 결성될 때부터 교황주의자들로부터 감시를 받았다. 이 모임에 깊이 관여된 리브리의 은둔자(L'ermite de Livry)로 알려진 장 발리에르(Jean Vallière)가 첫 번째 개신교 이단자로 정죄되었다. 그리고 1523년 8월 8일 파리의 돼지 시장에서 혀가 뽑힌 후 살아있

---

[39] 1518년에 모(Meaux) 교구의 주교가 된 기욤 브리송네는 에라스무스 폰 로테르담(Eramus von Rotterdam)과 야콥 르페브르 데타블의 신학적 영향을 받은 인물이었다. 그리고 프랑스 왕(프랑수와 1세)의 누이인 나바라의 마르그리트(Marguerite de Navarre) 여왕의 보호 아래서 자신의 교구에 종교개혁을 도입했다.

는 채로 화형을 당했다. 그는 프랑스 최초의 개신교 순교자로 알려져 있는데, 불길 속에서 매우 침착하게 "나의 신뢰는 그리스도 안에 있습니다. 나는 나의 구세주에 대한 믿음 안에서 죽습니다"라고 고백하였다.[40] 발리에르가 처형된 직후에 프랑스 왕실 재판소는 노테르담 성당 앞에서 이제까지 출판된 루터의 모든 책을 불태웠다.

    1525년에 모의 다락방은 노엘 베디에르(Noël Bédier)가 중심이 된 소르본 대학교의 교수들이 프랑스에 종교개혁 사상을 퍼뜨리는 위험한 집단으로 비판하면서 해체되었다. 그리고 이 모임에 참여한 사람들은 박해를 피할 수 없었다. 그 결과로, 이단 혐의로 화형을 당한 순교자들도 있었고, 다른 지역으로 피신해 비밀리에 개신교(위그노) 목사로 활동한 사람들도 있었으며, 개신교 신앙을 버린 변절한 자들도 있었다. 당연히, 독일과 스위스 종교개혁 도시들로 망명한 사람들도 있었다. 대표적으로, 이 박해 때 이단 혐의로 화형된 두 인물을 떠올릴 수 있다. 먼저, 평신도로서 모 다락방의 신앙적 영향을 받은 양모 장인인 장 르클레르이다. 그는 성모상을 깨트린 이단자로 판결되어 3일 연속 채찍질을 당하고 1525년 7월 29일 메츠(Metz)에서 이마에 불로 달군 낙인이 찍힌 후에 화형당했다. 프랑스에서 평신도 중에 최초의 순교자이다. 다음으로, 야콥 르페브르 데타블의 26살 제자였던 야콥 파바네스이다. 그는 루터의 저술들을 번역하고, 로마가톨릭교회의 교리를 비판한 혐의와 복음 설교를 한 것 때문에 체포되었다. 그는 1526년 8월 28일 파리의 그레브 광장에서 살아있는 채로 불에 타 순교하였다. 이 사건에 연

---

40 Jean Crespin, *Histoire des Martyrs*, livre II, (Geneva, 1554) 264: "Ma confiance est en Christ. Je meurs dans la foi de mon Sauveur."

류되었지만 개신교 신앙을 버리고 변절한 자들은 마샬 마주리에, 피에르 카롤리 등을 떠올릴 수 있다. 모의 다락방에 대한 박해가 시작되기 전 1523년에 기욤 파렐과 다른 몇 사람들은 루터의 사상을 따르지 않은 사람들과 분쟁한 후에 스위스로 떠났다. 이미 잘 알려진 것처럼, 파렐은 여러 도시에서 활동하다가 1532년에 제네바에 정착했고, 1536년에 깔뱅을 그곳 종교개혁자로 세웠다.

    1525년 모의 다락방에 대한 박해가 본격화되었을 때, 이 모임의 지도자였던 야콥 르페브르 데타블은 제라드 루셀과 미셸 다랑드와 함께 스트라스부르크로 피난갔다.[41] 르페브르는 종교개혁에 직접적으로 가담하지는 않고 1531년부터 1536년 사망 때까지 네락(Nérac) 머물며 프랑수아 1세의 누나인 마르그리트 드 나바르의 보호 아래서 조용히 남은 여생을 보냈다. 특별히, 이 박해의 여파 속에서 르페브르뿐 아니라 에라스무스 같은 인문주의자들과 교류하며 큰 영향력을 행사했던 귀족 출신의 루이 드 베르캥(Louis de Berquin)이 개신교 신앙을 전파하는 이단자로 체포되었다. 1529년 4월 17일 베르캥은 노테르담 성당 앞에서 혀가 시뻘겋게 달군 쇠꼬챙이에 뚫리고, 이마에도 백합 문양의 낙인이 찍힌 후에 화형당했다.[42] 그리고 1532년에 툴루즈(Toulous) 대학교를 중심으로 발생한 종교개혁의 열망도 다시 회복할 수 없을 정도로 타격을 입었다.[43] 다행히도, 이때까지 종교개혁을 지나치게 적대적으로 보지 않았던 프랑수아 1세는 모의 다락방에 대한 박해를 오래 끌지 않고 종식시켰다.

---

41   Guy Bedouelle, "Faber Stapulensis", *Theologische Realenzyklopädie* (TRE), Bd. 10, (Berlin/New York: de Gruyter, 1982), 781–783.

42   Friedrich Wilhelm Bautz, "Louis de Berquin", *Biographisch-Bibliographisches Kirchenlexikon* (BBKL), Band 1, (Hamm: Bautz, 1990), 546–547.

43   Monter, "France: the failure of repression, 1520–1563", 471.

프랑스에서 종교개혁에 관심을 가진 사람들은 모의 다락방에 대한 박해와 관련하여 상당한 위기의식을 느꼈다. 이 때문에 개신교도들은 여러 지역에서 지하로 숨어들었다. 그러나 1534년 10월 18일 파리 거리, 다른 대도시들 그리고 파리 남쪽에 있는 앙브와즈(Amboise) 왕실의 침실 벽에까지 로마가톨릭교회를 비판한 벽보가 붙여진 《벽보 사건》(Affaire des Placards)[44]으로 개신교들의 지하활동이 발각되었다. 프랑스에서 종교개혁의 열망이 점차 공론화되는 시점에서 결코 예상치 못한 상황이 발생한 것이다. 이 사건을 계기로 프랑수아 1세는 종교개혁에 대해 적대감정을 품게 되었다. 그는 공개적으로 가톨릭 신앙을 고백하고, 프랑스에서 개신교 신앙에 관심을 가진 사람들을 합법적으로 박해할 수 있는 강력한 법적 근거를 마련하였다. 프랑스 왕실 재판소는 이 사건과 관련된 모든 혐의자들 중에 24명을 색출하여 이단으로 처형시켰다.[45] 대표적으로, 부유한 상인이자 깔뱅의 친구인 에티엔 드 라 포지(Étienne de La Forge)와 벽보를 인쇄한 혐의로 기소된 앙투안 오제로(Antoine Augereau)를 떠올릴 수 있다.[46] 그리고 다른 50여 명의 혐의자들은 프랑스 왕실 재판소의 추격을 피해 다른 나라들로 도피해야만 했다. 이때 이미 파리를 떠나 나바라 등지에서 은둔 생활을 하고 있었던 젊은 깔뱅도 생명의 위협을 느끼고 스위스로 피신했다. 그는 1533년 11월 1일 파

---

44   '벽보'의 원제목: 《Articles véritables sur les horribles, grands et importables abus de la Messe papale, inventée directement contre la Saincte Cène de Nostre Seigneur, seul Médiateur et seul Sauveur Jésus-Christ》 이 벽보는 스위스 뇌샤텔(Neuchâtel)에서 목사로 활동했던 앙투안 마르쿠르(Antoine Marcourt)가 작성한 것으로 알려져 있다.

45   Monter, "France: the failure of repression, 1520-1563", 471.

46   Bruce Hayes, *The Affaire des placards, Polemical Humour, and The Sardonic Laugh*, French Studies, vol. 70, no 3, juillet 2016, 332-347.

1534년 앙투안 마르쿠르가 만든 벽보

1530년 전후 프랑수아 1세의 초상화

리 대학교의 젊은 총장이었던 니콜라우스 콥(Nikolaus Cop)의 취임 연설과 관련하여 에라스무스와 루터를 인용한 이단적 원고작성에 도움을 준 것 때문에 이미 쫓기고 있는 신세였다. 이《벽보 사건》 후에 파리에서 개신교가 회복되는데 대략 20년이 걸렸다.[47]

프랑스에서《벽보 사건》이래로 개신교에 대한 탄압은 지속적으로 증가하였다. 더 이상 종교개혁은 프랑스에서 평화롭게 실현될 수 없었다. 개신교도들은 여전히 여러 지역에서 비밀리에 모임을 가졌다. 프랑수아 1세는《벽보 사건》의 충격 속에서 1540년 6월 1일 공포한 '퐁텐블로 칙령'(Édit de Fontainebleau)을 통해서 개신교도들에게 좀 더 신속한 재판과 처벌이 이루어지도록 하였다..[48] 그리고 1540년 중반까지 프랑스 왕실 재판소로부터 '이단 위원회'가 전국 주요 도시들에 파견되어 개신교도들의 활동을 감시하는 역할을 하였다. 이러한 탄압은 프랑스에서 눈에 띄는 성공을 거두었다.[49] 예를 들어, 1546년에 모 지역에서 프랑스 최초의 위그노 교회가 예배 중에 발각되어 70명이 투옥되었고, 14명은 불 속에서 순교하였다. 그리고 2년 후에 랑그르(Langres)의 작은 수녀원에서 회합을 가졌던 개신교도들도 고발되어 8명이 목숨을 잃었다. 모 지역에서는 12년 후에 개신교 집회가 다시 회복되었지만, 랑그르에서는 더 이상 회복되지 않았다.

1547년 3월 31일에 프랑스 왕으로 등극한 앙리 2세(Henri II)의 통치 때 개신교들에 대한 탄압은 더 극심해졌다. 그는 1551년 6월 27일 프랑스 개신교도들을 탄압하기 위해 '샤토블리앙 칙령'(Édit de

---

47 Monter, "France: the failure of repression, 1520-1563", 471.

48 Daniel Amson, *The Religious Quarrel - Fifteenuries of Misunderstandings*, (Odile: Jacob, 2004), 51.

49 Monter, "France: the failure of repression, 1520-1563", 472.

Châteaubriant)을 공포하였다.⁵⁰ 사실, 이 조치는 그냥 내려진 것이 아니다. 1550년대에 접어들면서 제네바에서 인쇄된 금서들이 프랑스 전역에 유포되었기 때문이다. 단속 기관은 개신교 금서들을 배포하는 사람들을 적발하고 처벌하였는데, 1560년까지 루앙, 툴루즈, 당시 사보이 공국에 속해 있던 토리노, 파리 등에서 많은 사람들이 사형당했다.⁵¹

개신교도들에 대한 잘 고안된 억압 정책은 실제로 프랑스 왕실에 의해서 지속적으로 시행되었다. 때로 실패하거나 지연되는 경우도 있었지만, 프랑스에서 종교개혁이 안정적으로 진행되는 것을 막았다. 대표적으로, 1552년에 앙리 2세는 프랑스 8개 지역에 있는 왕실 재판소⁵²에 통보하지 않고 개신교도들에게 사형선고를 집행할 권한을 가진 62개의 특별 재판소(Présidial courts)를 세웠다. 이 특별 재판소는 교회의 종교재판소와 이단 문제를 공유하면서 개신교들에 대한 탄압이 신속히 이루어지도록 한 것이다.⁵³

프랑스 왕실은 1550년대에 개신교에 대한 더 가혹한 처벌을 원했다. 그리고 개신교의 지도자들을 탄압함으로써 관리가 가능한 상황을 유지했다. 하지만 프랑스 왕실의 강화된 박해 속에서도

---

50 샤토브리앙 칙령(Edict of Châteaubriant)은 1551년 6월 27일 앙리 2세가 개혁파 교회의 신학과 관련된 출판물과 신학 사상을 통제하기 위해 공포한 것이다. 모든 출판물에 인쇄소, 저자, 출판 권리, 출판 일자 등을 의무적으로 기재하도록 했으며, 만약 금서를 출판, 판매, 소지할 경우는 사형에 처해질 수 있는 법적 효력을 가지고 있었다. 그리고 모든 서점에는 소르본 대학교가 작성한 검열도서목록을 비치해야 한다는 것도 포함되었다.

51 E. W. Monter, *Judging the French Reformation: Heresy Trials by Sixteenth-Century Parlements*, (Cambridge: Mass., 1999), 266.

52 프랑스 8개 지역의 왕실 재판소는 파리, 툴루즈. 루앙, 엑상 프로방스, 보르도, 디종, 그르노블, 렌에 세워진 것을 말한다.

53 Monter, "France: the failure of repression, 1520-1563", 475.

1550년대 중반부터 지하 교회들이 다시 조직되면서 프랑스 개신교는 급속하게 성장했다. 물론, 모든 것이 여전히 비밀리에 행해질 수밖에 없었다. 1555년에 5개였던 교회가 1562년에 2,150개로 늘었다.[54] 1559년 5월 26-29일 파리에서《프랑스 신앙고백서》와《프랑스 교회질서》를 채택했던 첫 번째 프랑스 개혁교회 총회가 개최되었다. 특별히, 이 시기는 이전과 다르게 프랑스 재판관들이 개신교도들을 사형시키는 것에 대해 매우 신중해졌다. 왜냐하면 이단의 사법적 처벌이 개신교의 확산을 막는 데 크게 유익이 없다는 것을 깨달았기 때문이다. 더욱이, 1554년에 장 크레스뺑(Jean Crespin)이 쓴『순교자의 역사』를 통해서 프랑스 왕실 재판소가 주도하는 개신교들에 대한 사형이 순교로 찬양되면서 이단의 사법적 처벌에 대한 효과도 감소했기 때문이다.[55] 하지만 앙리 2세는 이러한 분위기를 매우 불쾌하게 생각했다. 그는 1557년 7월 24일 프랑스 종교개혁의 종식을 목표로 공포한 '콩피에뉴 칙령'(Édit de Compiègne)의 서문에서 재판관들의 악의와 방종으로 이단자들을 정당하게 처벌하지 않는다는 법원의 무능함을 지적했다.[56] 이 칙령은 프랑스 개신교도들에게 삶과 죽음을 선택하는 문제가 되었는데, 결과적으로 개신교도들과 교황주의자들 사이의 종교전쟁을 재촉하는 한 원인이 되었다.

1559년 6월 2일 공포된 '에쿠앙 칙령'(Édit de Écouen)(1559)은 개신교도들에 대한 조직적 박해의 토대가 되었다. 이 칙령은 이단 재판에 대한 교황주의 재판관들의 권한을 강화한 것뿐 아니라, 항거를 주

---

54 조병수,『위그노』, 합신포켓북시리즈 06, (수원: 합신대학원출판부, 2018), 34.
55 Monter, "France: the failure of repression, 1520-1563", 473.
56 Nancy L. Roelker, One King, One Faith: *The Parlement of Paris and the Religious Reformations of the 16th Century*, (Berkeley: University of California Press, 1996), 230.

도하거나 도주하는 개신교도들을 재판 없이 죽일 수 있다는 것을 규정하고 있다. 이 칙령은 앞선 칙령들의 법적 요건들을 벗어난 것이다. 앙리 2세가 이 칙령을 공포했을 때 로마가톨릭교회를 지지하는 지도급 인사들에게 개신교도들을 추적하는 임무도 부여한 것으로 알려져 있다. 에쿠앙 칙령과 관련하여 프랑스 왕실 재판소의 재판관이며 신실한 개신교도였던 안 드 부르(Anne de Bourg)는 프랑수아 드 기즈(François de Guise)의 선동으로 1559년 12월 23일 그레브 광장에서 화형당했다.[57] 이러한 조치들 때문에 앙리 2세가 통치했던 1550년대에 스위스 제네바로 가장 많은 프랑스 신앙난민들이 유입되었다.[58] 에쿠앙 칙령과 부르의 처형은 종교전쟁의 서막을 알렸다. 이때 프랑스는 귀족이든, 고위 정치인이든, 국민이든 더 이상 왕이 통제할 수 없는 상황으로 점점 치닫고 있었다.

1559년 7월 10일 앙리 2세가 죽었을 때 프랑스 왕실은 카트린 드 메디치(Catherine de' Medici)의 중재 아래서 혼란에 빠진 국가를 안정시키기 위해 마음에도 없는 개신교도들에 대한 관용 정책을 조금씩 시행하였다.[59] 하지만 1562년 3월 1일 바씨 학살 사건이 발생하면서 결국 종교전쟁(위그노 전쟁)이 본격적으로 시작되었다. 루이스 드 꽁데(Louis de Condé)가 이끄는 개신교 진영은 기즈 드 프랑수아 공

---

57 Guillaume Félice, *Geschichte der Protestanten Frankreichs*, (Leipzig: Friedrich Fleischer, 1855), 70.
58 Robert M. Kingdon, Calvin and discipline among French and Italians, *LA RÉFORME EN FRANCE ET EN ITALIE*, Philip Benedict, Silvana Seidel Menchi et Alain Tallon (dir.), (Rome: Publications de l'École française de Rome, 2007), 556.
59 Monter, "France: the failure of repression, 1520-1563", 476. 카트린 드 메디치는 남편 앙리 2세가 죽고 세 아들인 프랑수아 2세(François II, 1544-1560), 샤를 9세(Charles IX, 1550-1574), 앙리 4세(Henri IV, 1551-1589)의 통치 때 어머니로서 정치적 영향력을 행사했다.

1559년 12월 28일 안 드 부르의 화형식

작(Duke François de Guise)의 가톨릭 군대와 맞서기 위해 스스로 무장하고 전쟁을 일으켰다. 이때부터 시작된 프랑스 종교전쟁은 36년 동안 지속되면서 직접적인 전투와 간접적인 기근이나 질병으로 200-400만여 명을 희생시키며 1598년에 앙리 4세(Henri VI)가 낭트 칙령을 공포하면서 종식되었다.

종교개혁의 열망이 프랑스 전역으로 확산되면서 종교전쟁 외에 다양한 학살 사건들을 통하여 수많은 개신교도들이 살해되었다.[60] 대표적으로, 1572년 성 바톨로메 축일(Saint-Barthélemy)에 자행된

---

60 프랑스 종교개혁 시대(1545-1572)에 교황주의자들에 의해서 자행된 개신교도들에 대한 학살 사건들은 다음과 같다:
- 1545년 메린돌(Mérindol) 학살 – 3,000명 이상의 왈도파 사람들이 살해됨.
- 1560년 앙브아즈(Amboise) 학살 – 프랑스와 2세의 납치(앙브아즈 음모) 실패로 1,500명 정도의 개신교도들이 처형됨.
- 1561년 카오르(Cahors) 학살 – 50명 정도의 개신교도들이 예배당에서 산 채로 불태워짐.
- 1561년 그레나드(Grenade) 학살 – 수많은 개신교도들이 살해됨.
- 1561년 카르카손(Carcassonne) 학살 – 8명의 개신교도들이 살해됨.
- 1562년 바씨(Vassy) 학살 – 80명의 예배를 드리고 있는 개신교도들이 살해됨.
- 1562년 카스텔노다리(Castelnaudary) 학살 – 60명의 개신교도들이 예배당에서 산채로 불태워짐.
- 1562년 상스(Sens) 학살 – 100명 정도의 개신교도들이 나무에 묶여 수장됨.
- 1562년 오랑주(Orange) 학살 – 수많은 개신교도들이 살해됨.
- 1562년 가이락(Gaillac) 학살 – 80명 정도의 개신교도들이 강에 던져져 살해됨.
- 1562년 투르(Tours) 학살 – 200명 정도의 개신교도들이 살해됨.
- 1562년 라우제르테(Lauzerte) 학살 – 94명의 개신교도들이 산 채로 불에 태워짐.
- 1562년 바르쉬르센(Bar-sur-Seine) 학살 – 300명 정도의 개신교도들이 살해됨.
- 1571년 본드빌(Bondeville) 학살 – 40명 정도의 개신교도들이 살해됨.
- 1572년 성 바톨로메 축일(Saint-Barthélemy) 학살 – 30,000명 이상의 개신교도들이 살해됨.

(참고: Jean Ehrmann, "Massacre and Persecution Pictures in Sixteenth Century France", Journal of the Warburg and Courtauld Institutes, vol. 8, (1945); Stuart Carroll (2009). Martyrs and Murderers: The Guise Family and the Making of Europe, (Oxford University Press, 2009).)

1572년 성 바톨로메 학살

잔혹한 학살을 통해서 셀 수 없는 개신교도들이 무참히 죽었다. 이 비극적 사건에서 30,000명 이상의 무고한 사람들이[61] 단순히 개신교 신앙을 가졌다는 이유로 목숨을 잃었다. 무장한 군인들뿐 아니라 귀족들, 고급 관리들, 사제들도 "죽여라, 죽여! 위그노 놈들을 싹쓸이 죽여라!"고 외치며 남녀노소를 막론하고 개신교도들이 눈에 보이는 대로 총을 쏘거나 칼로 찌르고, 창밖으로 내던지며, 강물에 빠뜨렸다.[62] 특별히, 이 사건을 계기로 테오도르 베자는 깔뱅의 하급 신하에 의해서 폭군을 견제하는 소극적 저항의 개념을 넘어 폭군에 대해 국민이 물리적으로 저항을 할 수 있는 적극적 저항의 개념을 강조하였다.[63] 당연히, 성 바톨로메 축일의 학살 때도 대규모 신앙난민이 발생하였다. 많은 사람들이 제네바로 피신했는데, 1572년 말까지 깔뱅의 도시는 매일 10-20명 정도의 프랑스 개신교도들을 맞이했다.[64] 그리고 이 학살 사건 전후로 이단 재판을 통해서도 판결의 경중에 따라서 다양한 신체적 형벌, 재산 몰수, 사형 등의 처벌이 개신교도들에게 내려졌다. 한 실례로, 아비뇽에서만 1566년부터 1574년까지 818건의 사형 판결이 선고되었다. 개신교도들에 대한 박해로 프랑스는 서서히 국가 시스템의 붕괴, 인구통계학적 소멸, 경제적 위기에 처하게 되었다.[65]

---

[61] Émile G. Léonard, *Histoire Générale du Protestantisme, Tome II : l'établissement*, (Paris: P.U.F., 1961), 125.

[62] 앨리슨 그랜트 & 로날드 메이요, 『프랑스 위그노 이야기』, 조병수 옮김, (수원: 가르침, 2018), 47.

[63] SCOTT M. MANETSCH, *Theodore Beza and the Quest for Peace in France, 1572-1598*, (Leiden·Boston·Köln: Brill, 2000), 68.

[64] Alfred Dufour, *Histoire de Genève*, (Paris: Presses universitaires de France, 1997), 127.

[65] Elena Brambilla, "La repressione dell'eresia in Francia e in Italia", *LA RÉFORME EN FRANCE ET EN ITALIE*, Philip Benedict, Silvana Seidel Menchi et Alain Tallon

잉글랜드에서 메리 튜더의 박해

메리 튜더(Mary Tudor)는 1553년 8월 3일에 잉글랜드와 아일랜드의 여왕으로 런던에 입성했고, 같은 해 10월 1일에 대관식을 거행했다. 그리고 1554년 7월 25일에 스페인 필립 2세(Philip II)와 결혼함으로써 그녀의 남편이 스페인 왕으로 등극한 1556년 1월 16일부터 스페인 여왕이 되었다.

메리 여왕은 런던에 입성한 다음 날부터 잉글랜드 개신교도들에 대해 적대적 정책을 펼쳤다. 신하들에게 가톨릭 신앙을 따르도록 강요하지는 않았지만, 잉글랜드 교회의 모든 주교들을 투옥시켰다. 대표적으로, 켄터베리 대주교인 토마스 크랜머(Thomas Cranmer)를 비롯하여 존 브래포드(John Bradford), 존 로저스(John Rogers), 존 후퍼(John Hooper), 휴 래티머(Hugh Latimer) 등을 떠올릴 수 있다. 다음의 조치로 메리 여왕은 에드워드 6세(Edward VI)의 모든 종교정책을 폐지하였다. 로마가톨릭교회의 복원을 공식화했을 뿐 아니라, 특별히 개신교에 대한 이단법을 부활시켰다.[66] 1555년 1월 20일부터 로마가톨릭교회를 비판하는 모든 사람들은 이단으로 유죄 판결을 받고 처벌되었다.[67] 새로운 종교정책으로 잉글랜드 개신교도들은 '개종, 투옥, 화형' 같은 처벌 혹은 '추방' 중에 어느 한 가지를 선택해야 할 상황에 이르렀다.[68]

잉글랜드에서 이단법이 통과되면서 개신교도들이 신앙을 계속 유지할 경우에 종교재판의 표적이 되었다. 종교재판은 잉글랜

(dir.), (Rome: Publications de l'École française de Rome, 2007), 499.

66 맥클로흐, 『종교개혁의 역사』, 392.
67 Eamon Duffy, *Fires of Faith: Catholic England Under Mary Tudor*, (Yele: New Haven, 2008), 91.
68 Judith Richards, *Mary Tudor*, (Routledge, 2009), 186.

메리 1세 여왕의 초상화(1554년)

드 의회의 승인을 받고 왕실의 자문기관인 추밀원(Privy Council)의 통제 아래서 법적 절차를 준수하며 각 교구의 주교에 의해서 시행되었다.[69] 개신교도가 기소되면 교회의 종교재판소는 이단 혐의를 조사한 후에 판결을 내렸다. 이단으로 확정이 되면 피고는 사법기관으로 넘겨져서 투옥이나 화형 같은 형벌이 집행되었다.

당연히, 잉글랜드에서 가장 먼저 교회의 강단에서 로마가톨릭 교회의 타락과 교리적 오류를 비판한 모든 목사들이 이단법의 표적이 되었다. 다음으로, 개신교의 신앙고백을 유지하는 신자들에게도 이단법은 엄격히 적용되었다. 잉글랜드 교회가 로마가톨릭교회로 다시 바뀐 것과 관련하여 교회를 출석하는 신자들을 압박하기 위함이었다. 그 결과로, 1555년 2월 4일 루터의 종교개혁 사상을 따른 존 로저스가 종교재판에서 이단으로 판결받고 첫 번째로 화형을 당했다.[70] 1555년 2월 9일 존 후퍼와 휴 래티머, 1555년 7월 1일 존 브래포드, 1556년 3월 21일 토마스 크랜머가 화염 속에서 순교했다. 크랜머는 1553년 9월 8일 체포되어 계속되는 신문과 고문의 위협 아래서 개신교 신앙을 철회하고 일시적으로 풀려났다. 하지만 메리 여왕이 크랜머의 사면을 거부하여 결국 화형된 것이다.[71] 그는 죽기 앞서 개신교 신앙을 철회한 것을 다시 회개하면서 교황을 '그리스도의 원수이자 모든 거짓 교리를 가진 적그리스도'로 선언하였다. 에드워드 6세의 지명에도 불구하고[72] 9일 천하를

69　David Loades, *Power in Tudor England*, (New York: St Martin's Press, 1997), 62-65.
70　Duffy, *Fires of Faith: Catholic England Under Mary Tudor*, 97.
71　Diarmaid MacCulloch, *Thomas Cranmer: A Life*, (London: Yale University Press, 1996), 600-605.
72　Eric Ives, *Lady Jane Grey: A Tudor Mystery*, (Malden·Oxford: Wiley-Blackwell, 2009), 145, 165-166. 1553년 7월 6일 사망한 에드워드 6세는 앞서 6월 21일에 제인 그레이

1555년 2월 4일 존 로저스의 화형식

이루었던 제인 그레이(Lady Jane Gray)는 17세 나이에 대반역죄로 참수되었다. 그녀는 신앙을 개종하면 살려주겠다는 메리 여왕의 권유에도 불구하고 다음과 같은 신앙고백 속에서 목숨을 구걸하지 않았다.

를 다음 왕위 계승자로 지명한다는 유언장을 작성했다. 이 유언장에는 102명의 명사들이 서명을 했는데, 추밀원의 위원들, 왕족들, 주교들, 판사들, 의회의 의원들이었다.

나는 여기에서 참된 그리스도인 여인으로 죽음을 맞이합니다. 그리고 다른 어떤 수단도 아닌 오직 그리스도의 피로만 구원받을 수 있음을 믿습니다.[73]

1563년에 출판된 존 폭스의 『순교자의 책』[74]에 따르면, 1555년과 1558년 사이에 248명의 개신교도들이 화염 속에서 사라졌다. 그들 중에 56명은 여성이었다. 메리 여왕이 죽기 이틀 전인 1558년 11월 15일에 캐서린 나이트(Katherine Knight)가 마지막으로 순교하였다.[75] 그리고 종교재판 중에 30명이 감옥에서 죽었다. 사실, 개신교도들을 화형으로 죽이는 것에 대해 많은 사람들이 반대했음에도 메리 여왕은 뜻을 굽히지 않았다고 알려져 있다. 이러한 잔혹함 때문에 그녀에게 '피의 메리'(Bloody Mary)라는 별명이 붙여졌다.

메리 여왕의 통치 때 신앙과 생명을 유지하려는 사람들은 삶의 터전과 고국을 등지고 네덜란드, 스위스, 덴마크, 독일 등에 속해 있는 여러 종교개혁 도시들로 피난을 갔다. 기록이 남아있지 않은 사람들 때문에 정확한 수는 파악할 수 없지만, 800여 명의 개신교도들이 종교의 자유를 찾아 낯선 땅에서 수년 동안 신앙난민으로 살았다는 것은 이미 잘 알려진 사실이다.[76] 메리 망명자들(Marian

---

[73] John N. King, *Voices of the English Reformation: A Sourcebook*, (Philadelphia, University of Pennsylvania Press, 2004), 324.

[74] John Foxe, *Actes and Monuments of these Latter and Perillous Days, Touching Matters of the Church*, (London: John Day, 1563).

[75] Foxe, *Actes and Monuments of these Latter and Perillous Days, Touching Matters of the Church*, 398.

[76] Peter Marshall, "Religious Exile in the Early Modern World: An Introduction," *Religious Exile and the Early Modern English Catholic Diaspora*, ed. Liesbeth Corens, Alexandra Walsham & Andrew Spicer, (Cambridge University Press, 2011), 4-5.

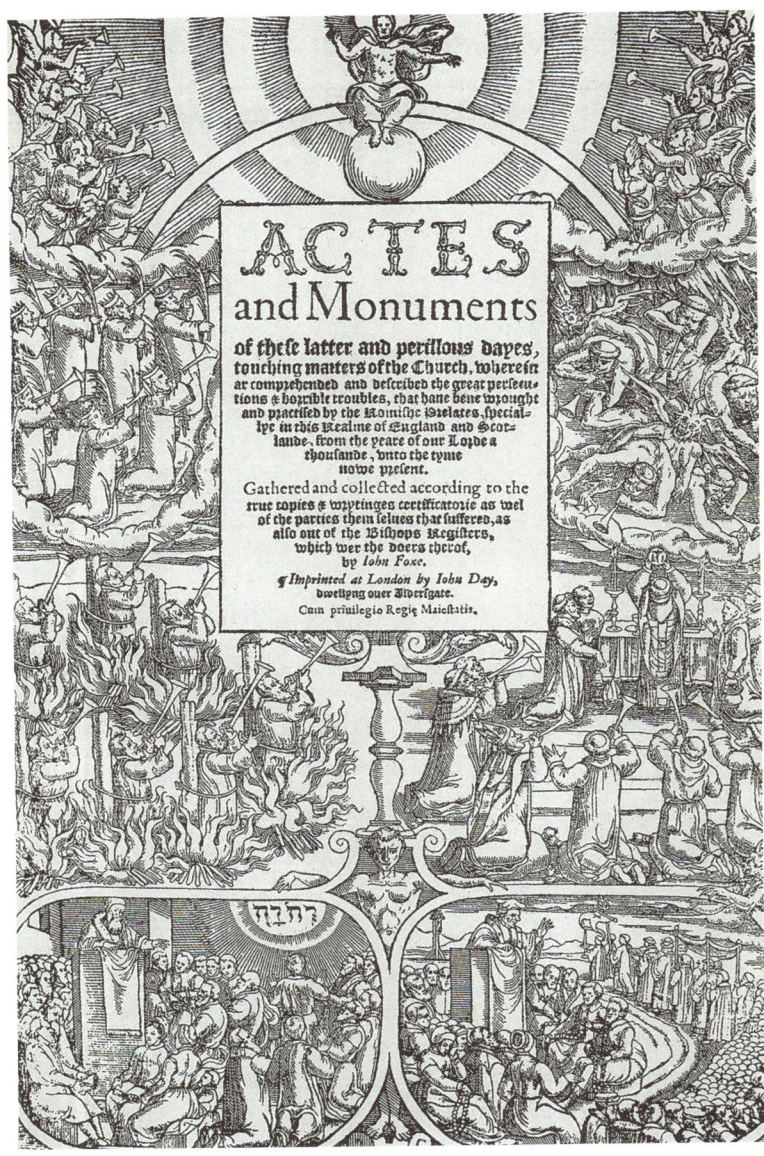
존 폭스의 『순교자의 책』 표지

Exiles) 중에 472명은 이름과 직업이 밝혀졌다. 이 사람들은 귀족과 정치인, 목회자와 신학생, 상인, 장인(수공업과 인쇄업), 변호사, 의사, 하인 등의 다양한 신분에 속해 있었다.[77]

가장 많은 부류는 목회자들(67명)과 신학생들(119명)이었다.[78] 다음으로 많은 부류는 망명자들에게 도피 자금을 지원한 귀족들과 정치인들(166명)이었다.[79] 마지막으로 떠올릴 수 있는 부류는 다양한 직업군에 속한 사람들이었는데, 상인(40명), 수공업(32명), 인쇄업(7명), 변호사(3명), 의사(3명), 하인(13명) 등이었다. 특징적으로, 런던 상인이었던 리차드 스프링햄(Richard Springham), 존 아벨(John Abel) 등도 망명자들에게 재정 후원을 한 것으로 알려져 있다. 물론, 메리의 망명자들 중에는 직업이 파악되지 않은 남자들(19명)이나 단신으로 온 여인들(3명)도 있었다.

매우 흥미롭게도 메리의 망명자들 중에는 외국인들도 속해 있

---

77 Randall J. Pederson, *Unity in Diversity: English Puritans and the Puritan Reformation 1603-1689*, (Leiden: Brill 2014), 49; Angela Ranson, "The Marian Exile and Religious Self-Identity: Rethinking the Origins of Elizabethan Puritanism", Perichoresis 13/1

78 대표적으로, 당시 잉글랜드 교회의 목사들이었던 존 포넷(John Ponet), 존 베일(John Bale), 마일스 커버데일(Miles Coverdale), 리처드 콕스(Richard Cox), 존 폭스(John Foxe), 에드문트 그린달(Edmund Grindal), 로렌스 험프리(Lawrence Humphrey), 존 쥬엘(John Jewel), 제임스 필킹톤(James Pilkington), 에드윈 샌디스(Edwin Sandys), 토마스 영(Thomas Young), 알렉산더 노웰(Alexander Nowell), 토마스 베콘(Thomas Beccon), 존 멀린스(John Mullins), 크리스토퍼 굿맨(Christopher Goodman), 앤서니 길비(Anthony Gilby), 토마스 샘슨(Thomas Sampson), 존 녹스(John Knox) 등을 떠올릴 수 있다.

79 페레그린 버티(Peregrine Bertie), 존 체크(John Cheke), 앤서니 쿡(Anthony Cooke), 프랑수아 놀리스(Francis Knollys), 캐서린 윌로비(Katherine Willoughby), 엘리자베스 베크레이(Elizabeth Berkeley), 피터 카류(Peter Carew), 윌리엄 세실(William Cecil), 리차드 모리스(Richard Morrison), 도로시 스태퍼드(Dorothy Stafford), 토마스 로스(Thomas Wroth) 등이 대표적인 인물들이다.

었다. 한 실례로, 1547년 슈말칼덴 전쟁(Schmalkaldischer Krieg)에서 개신교 동맹이 패배하고 스트라스부르크가 위기 아래 처했을 때 토마스 크랜머의 초청으로 잉글랜드에 온 피에트로 마르티레 버미글리(Pietro Martire Vermigli)와 베르나디노 오키노(Bernardino Ochino)가 메리 여왕이 등극했을 때 유럽 대륙으로 돌아왔다. 두 사람은 교황청의 종교재판을 피해서 이탈리아에서 탈출한 신앙난민들이다. 크랜머의 초청으로 잉글랜드에서 외국인 교회를 섬겼던 폴란드 종교개혁자 요한네스 아 라스코(Johannes à Lasco)도 앞서 두 사람과 같은 형편이었다.[80] 버미글리의 도움 속에서 마틴 부처(Martin Butzer)도 잉글랜드에 왔지만 메리 여왕이 등극하기 전에 병으로 죽었다. 하지만 메리 여왕 때 교황주의자들은 죽은 부처를 다시 불러냈는데, 1557년 2월 6일에 그의 유골과 저술들은 이단 혐의 아래서 불태워졌다. 모든 메리 망명자들이 신앙적 이유로 고국을 떠난 것은 아니었다. 일부 사람들은 세속적인 일에 실패하여 의도적으로 떠났다. 그래서 망명자들이 고국으로 돌아왔을 때 모두가 환영받지는 못했다.

잉글랜드에서 도망친 많은 사람들이 스트라스부르크, 프랑크푸르트, 엠덴 같은 독일 개신교 지역에서 피난처를 찾았다.[81] 스위스 취리히, 제네바, 바젤, 아라우[82] 등도 많은 메리 망명자들의 안식처가 되었다. 그들에게 스위스 종교개혁 도시들은 안전한 피난처일 뿐 아니라 개혁된 교회들과 모범적인 신자들로 가득 찬 동경의 땅이었다. 대표적으로, 존 낙스(John Knox)는 제네바에서 깔뱅의 신학

---

[80] 디아메이드 맥클로흐, 『종교개혁의 역사』, (서울: CLC, 2011), 359.
[81] Patrick Collinson(Ed.), "The Elizabethan Puritan Movement," *The Reformation in English Towns*, 1500-1640, (Macmillan, 1998), 68-69.
[82] 양털 직조와 관련된 기술을 가진 15명 정도의 사람들은 아라우에 정착하여 직물 산업에 종사했다.

존 낙스(동판화)

적 영향을 받고 스코틀랜드에서 장로정치를 도입했다. 잉글랜드에서 가까운 벨기에 지역도 개신교들에게 인기 있는 망명지였다. 그 밖에 몇몇 사람들은 프랑스 라로셸과 디에프 같은 지역에 망명을 신청하기도 했다. 하지만 불행하게도 메리 망명자들은 독일에서 루터파 교회를 지지하는 지역에서는 받아들여지지 않았다. 1549년 《취리히 합의서》(Consensus Tigurinus)에 근거한 성만찬론을 따르는 개혁주의자들로 간주된 것과 관련하여 함부르크(Hamburg) 루터파 교회의 감독이며 엄밀한 루터파(Gnesiolutheraner)로서 제2차 성만찬 논쟁을 일으킨 요아킴 베스트팔(Jocchim Westphal)이 메리 망명자들의 정착을 강력하게 반대했기 때문이다.[83] 함부르크를 포함한 뤼벡, 비스마르, 덴마크 등에 일부 난민들이 정착하는 것을 시도했지만 곧바로 떠나야 했다. 그 결과로, 루터의 신학에 깊은 관심을 가졌던 종교개혁 초기와 다르게 루터파 교회가 메리의 망명자들이 귀환한 후에 잉글랜드 신학과 교회에 미친 영향은 거의 찾아볼 수 없었다.[84]

박해 아래 이탈리아 개신교도들

이탈리아의 종교개혁에 대한 관심은 단순히 북유럽에서 유입된 지성적이고 일시적인 유행이 아니었다. 다양한 사회 계층의 기대와 요구에 부응하기 위해 신학적이고 실천적으로 잃어버렸던 성경적 정통교리를 회복하려는 광범위한 활동이었다.[85] 1540년대 사회의

83　Irene Dingel, "Joachim Westphal", *Theologische Realenzyklopädie* (TRE). Bd. 35, (Berlin·New York: de Gruyter, 2003), 713. 베스트팔은 함부르크 뿐 아니라 프랑크푸르트에 온 메리 망명자들에 대해서도 강력히 비판했다.

84　Udo Sträter, *Sonthom, Bayly, Dyke und Hall*, (Tübingen: Mohr Siebeck, 1987), 39.

85　Andrea Del Col, "La repressione della Riforma in Italia durante il Cinquecento", *LA*

중간 계층에서 인문주의의 영향으로 성경과 교리가 일상의 질문이 되었다. 하지만 이러한 질문은 교회의 설교와 공적이거나 사적인 토론에서 늘 제안되었다. 로마의 중심에 교황청(Stato Pontificio)이 존재하는 것과 관련하여 이탈리아는 종교적으로, 문화적으로, 정치적으로 교황의 직접적 통제 아래 있었기 때문이다. 그래서 이탈리아에서 종교개혁에 대한 관심은 교황주의 체제에 대해 비판의식을 가진 일부 귀족들과 성직자들이나 인문주의자들을 중심으로 서적의 번역, 저술 활동, 인적 교류 등을 통해서 문화적으로 접근되었다. 물론, 수공업이나 상업에 종사하는 중하위 계층에서도 많은 관심이 있었다.[86] 맨 처음 모데나, 루카, 베네치아 등에서 활발하게 이루어졌다. 결과적으로, 이 지역들은 종교재판을 피해 갈 수 없었다. 한 실례로, 1550년 초에 모데나에 있는 종교재판소는 70여 명의 피고인들을 기소하고 제빵사인 파노니 파니니(Fanino Fanini), 모피공인 도메니코 카비앙카(Domenico Cabianca), 베네틱트 수도회의 조르지오 시쿨로(Giorgio Siculo) 등을 화염 속에서 죽게 하였다.[87]

이탈리아에서 종교개혁에 관심을 가진 사람들에 대한 억압적 활동은 1520년대 후반부터 이루어졌다. 하지만 개신교에 대한 인식 부족 때문에 심각한 조치는 거의 이루어지지 않았다. 1541년 레겐스부르크 제국회의에서 로마가톨릭교회와 개신교 사이에 칭의에 대한 합의가 실패한 이래로[88] 두 진영은 공식적으로 서로를 이

RÉFORME EN FRANCE ET EN ITALIE, Philip Benedict, Silvana Seidel Menchi et Alain Tallon (dir.), (Rome: Publications de l'École française de Rome, 2007), 481.

86 Del Col, "La repressione della Riforma in Italia durante il Cinquecento", 487.
87 Del Col, "La repressione della Riforma in Italia durante il Cinquecento", 481.
88 레겐스부르크 제국회의에서 개신교 대표는 스트라스부르크의 마틴 부처(Martin Butzer), 비텐베르크의 필립 멜랑톤(Philipp Melaneheton), 헤센의 요한 피스토리우-

파니노 파니니가 화형된 트렌토 트리에스테 광장의 추모판

해하려는 대화에 더 이상 관심을 기울이지 않았다. 그 결과로, 교황 바오로 3세(Paolo III)는 1542년 7월 15일 추기경 회의에서 지안 카라파(Gian P. Carafa)와 지롤라모 알레안드로(Girolamo Aleandro)에게 이탈리아 전역에 종교재판을 관할할 수 있는 권한을 부여하였다.[89] 이탈리아에서 종교재판소는 처음 북부 지역, 중부 지역, 남부 지역, 나폴리 공국에 하나씩 세워졌다. 1540년대 말에는 12개 종교재판소가 더 만들어졌고, 최종적으로 총 41개의 종교재판소가 이탈리아

스(Johannes Pistorius)이었고, 깔뱅이 부처의 요구 속에서 참관인으로 참석했다. 그리고 로마가톨릭교회의 대표는 요한 엑크(Johannes Eck), 요한 그로퍼(Johannes Gropper), 율리우스 폰 플루그(Julius von Pflug)이었고, 가스파로 콘그타리니(Gasparo Contarini)가 교황청이 파송한 자문인의 자격으로 참석했다. 결과적으로, 이 회의는 두 진영 사이에 '칭의'에 대한 이견 때문에 합의에 이르지 못했다.

89 Del Col, "La repressione della Riforma in Italia durante il Cinquecento", 484.

전역에 세워졌다. 이러한 배경 속에서 1545년 12월 13일 《트리엔트 종교회의》가 개최되기도 전에 이미 유럽 전역에서 종교재판소가 운영되었다. 이 종교회의를 계기로 교황주의자들은 유럽 전역에서 개신교와 더욱 격렬하게 투쟁하였다. 특별히, 이때로부터 앞서 언급한 세 지역 외에 키오지아, 베르가모, 아퀼레이아, 오트란토, 쿠어, 케로니소스 등에서도 종교개혁을 지지했던 주교들, 사제들, 평신도들에 대한 종교재판이 본격적으로 진행되었다.[90] 그리고 좀 더 시간이 흐르면서 크레모나, 토리노, 제노바, 시에나, 볼로그나 등에서도 종교재판이 이루어졌다.

이탈리아에서 종교개혁에 대한 반감은 점진적이고 다양한 방식으로 표명되었다. 종교재판소에 기소된 대표적인 인물은 베네치아에서 변호사로 활동했던 프랑수아코 스피에라(Francesco Spiera)이다. 그는 루터의 저술들을 읽고 개신교로 전향했다. 그는 1547년 6월 26일 베네치아 종교재판소에서 종교개혁 신앙을 따른 것 때문에 이단으로 정죄되었다. 스피에라는 개신교 신앙을 포기한다는 것을 맹세하고 풀려날 수 있었다. 하지만 성령을 거스르는 죄를 지었다는 양심의 가책 속에서 심한 절망감으로 죽었다.[91] 이 사건 후에 이탈리아에서 최초로 기소된 주교는 피에르 페르게리오(Pier P. Vergerio)이다. 그는 베네치아의 카포디스트리아(Capodistria) 주교였는데, 1549년 5월 1일에 종교재판소 출두를 불복종하고 스위스로 도망쳤다.[92] 1540년대 말까지 이탈리아에서 92명이 종교재판소에 기소되

---

90 J. F. Dubost, *La France italienne xvie-xviie siècles*, (Paris: Aubier, 1997), 463-466.

91 M. A. Overell, "The Exploitation of Francesco Spiera", *The Sixteenth Century Journal*, Vol. 26, No. 3 (Autumn, 1995), 619-637.

92 Silvana S. Menchi, "Häretiker im Italien des 16. Jahrhunderts", *Protestanten zwischen Venedig und Rom in der Frühen Neuzeit*, Studien der Schriftenreihe des Deutschen Studi-

제3회기 트리엔트 종교회의 광경

피에르 페르게리오(동판화)

었다. 그들 중에 35명이 성직자였다.[93] 로마에서는 8명의 주교들이 종교개혁에 가담한 명목으로 고발당했다. 여기에는 1555년에 제네바로 망명한 안토니오 카라시올로(Antonio Carraciolo)도 속해 있었다.[94] 이 과정 속에서 교황청은 종교개혁과 관련된 금서들(이단 서적들)의 출판과 유통을 금지시켰다. 개신교 교리를 근본적으로 차단하려는 조치였다. 한 실례로, 1545년부터 『기독교 강요』, 『제네바 요리문답』 같은 깔뱅의 저술들이 라틴어와 이탈리아어로 번역되어 널리 퍼졌다.[95]

---

    enzentrums in Venedig, (Berlin: Walter de Gruyter), 2013, 25-46.
93 Silvana S. Menchi, *Erasmo in Italia, 1520-1580*, (Torino: Bollati Boringhieri, 1987), 68-72.
94 Monter, "France: the failure of repression, 1520-1563", 472.
95 Francis M. Higman, "Calvin's Work in Translation", *Lire et découvrir. La circulation des*

1550년 희년에 교황 율리우스 3세(Giulio III)는 일부 주교들에게 재판 없이 이단자를 사법적으로 사면할 수 있는 특별한 권한을 부여하였다. 이 사면 칙령은 강압 없이 유연하게 개신교도들의 회개를 끌어내기도 하였다. 대표적으로, 1551년 10월 17일 한때 종교개혁에 관심을 가졌던 피에트로 마넬피(Pietro Manelfi)가 볼로냐 종교재판소에 자발적으로 베네치아에서 활동하는 루터파들과 재세례파들을 고발하였다.[96] 그 결과로, 이탈리아에서 가장 개혁적이었던 도시인 베네치아에서 종교개혁의 확산과 개신교도들의 활동은 더 이상 지속될 수 없었다.[97] 베네치아에서 종교재판으로 1587년 3월에 루터의 저술들을 읽은 혐의로 의사인 지롤라모 돈첼리니(Girolamo Donzellini)[98]와 1588년 1월에 개신교 금서들을 유포한 혐의로 출판업자인 피에트로 롱고(Pietro Longo)에게 마지막 사형선고가 내려졌다.[99]

사실, 16세기 후반에 바올로 4세(Paolo IV, 1476-1559)와 피우스 5세(Pius V, 1504-1572) 같은 교황들은 종교지도자나 예술후원자가 아니라 거의 종교재판관에 가까웠다.[100] 로마에서 전자는 6명을 이단으로 죽였고, 후자는 33명을 같은 혐의로 죽음에 이르게 하였다.[101] 이 시기에 죽은 대표적 인물로는 피에트로 카르네세키(Pietro Carnesecchi)를

---

idées au temps de la Réforme, (Geneva: Droz, 1998), 545-562.

96 John Martin, "Spiritual Journeys and the Fashioning of Religious Identity in Renaissance Venice", Renaissance studies,10/3 (1996), 359, 366: "Manelfi were 'spontecomparentes' - individuals who volunteered their confessions to the Inquisition."

97 Paul F. Grendler, The Roman Inquisition and Publishing in Venice, 1540-1605, (Prinston: Princeton University Press, 1977), 107-134.

98 Alessandra Celati, "Heresy, medicine and Paracelsianism in sixteenth-century Italy: the case of Girolamo Donzellini (1513-1587)", in: Gesnerus 71, (2014), 10.

99 Grendler, The Roman Inquisition and the Venetian press. 1540-1605, 188.

100 Del Col, "La repressione della Riforma in Italia durante il Cinquecento", 484.

101 Del Col, "La repressione della Riforma in Italia durante il Cinquecento", 490.

1527년 피에트로 카르네세키의 초상화

떠올릴 수 있다. 그는 이탈리아 인문주의자로서 종교개혁 사상을 받아들인 혐의로 피렌체 종교재판소에 기소되었다. 1567년 9월 21일에 카르네세키는 다른 16명과 함께 판결을 받았다. 그는 10일 후에 프란치스코 수도회의 줄리오 마레시오(Giulio Maresio)와 함께 참수된 뒤 화형당했다.[102] 그리고 1566-1569년에 볼로냐에서 벌어진 탄압도 주목할 필요가 있다. 종교재판을 통해서 90여 명이 이단 혐의로 기소되었는데, 그들 중에 5명은 감옥에 투옥되었고, 20명은 사형선고를 받았다.[103] 종교개혁과 관련된 이단 혐의로 종교재판이

---

102 Manfred E. Welti, *Kleine Geschichte der italienischen Reformation*, (Gütersloh: Mohn, 1985), 29–75.

103 Del Col, "La repressione della Riforma in Italia durante il Cinquecento", 490.

가장 많이 이루어진 1550년대 이래로 이탈리아에서 개신교 신앙은 거의 한 세대 만에 사라졌다.

이탈리아의 종교재판소에서 종교개혁을 지지한 것과 관련하여 얼마나 많은 사람들이 이단 혐의로 기소되었거나 사형당했는지 사료적으로 정확히 파악할 수 없다. 물론, 추론적인 면을 배제할 수는 없지만 이제까지 연구를 통해서 밝혀진 것은, 1540년대부터 1580년대까지 이탈리아 전역에서 종교개혁과 관련된 재판은 13,000-15,000건 정도였다. 그리고 종교재판의 판결에 따라서 이단 혐의로 집행된 사형은 650-850건 정도로 알려져 있다.[104] 이미 알려진 것처럼, 종교개혁 당시 이탈리아에서 조직적으로 존재했던 유일한 개신교는 왈도파 교회였다. 사보이 공국의 온갖 박해에도 불구하고 북이탈리아 코티안 알프스 계곡에서 명맥을 유지하였다. 하지만 남이탈리아 칼라브리아에서 살았던 왈도파 사람들은 스페인 군인들의 공격과 종교재판으로 더 이상 회복할 수 없을 정도로 핍박을 받았다.

물론, 이탈리아에서 종교재판의 두려움 때문에 개신교 신앙에 대해 침묵하거나 철회하는 사람들도 많았다. 이렇게 함으로써 처벌을 면죄받을 수 있었기 때문이다. 그리고 종교개혁을 지지했던 다수의 사람들은 고국을 탈출하는 고달픈 난민생활을 선택하였다. 그들이 망명한 곳들은 스위스와 동유럽의 종교개혁을 받아들이거나 종교적 관용이 허용된 도시들이다. 제네바, 취리히, 바젤, 그라우뷘덴, 런던, 모라비아, 폴란드, 트란실바니아 등이 대표적이

---

104 William Monter, *The Roman Inquisition and Protestant Heresy Executions in 16th Century Europe*, (Rome: Biblioteca Apostolica VaticanaIt, 2003), 539-548. (참고: Brambilla, "La repressione dell'eresia in Francia e in Italia", 506.)

다. 하지만 다른 나라로 탈출한 사람들은 기록의 불분명함 때문에 명확히 알 수 없다.

　　이탈리아를 가장 먼저 탈출한 신앙난민들은 거의 대다수가 성직자들이었다. 1542년에 이탈리아를 탈출하여 아우그스부르크, 제네바, 취리히 등에서 목사로 활동했던 베르나르디노 오치노(Bernardino Ochino)가 대표적인 인물이다. 1543년 베네치아로부터 망명하여 그라우뷘덴에서 목사로 활동했던 울리오 데 밀라노(Giulio da Milano)도 떠올릴 수 있다. 이 성직자들 중에는 우리에게 잘 알려진 인물들도 있다. 1542년에 이탈리아를 탈출하여 런던과 취리히에서 구약 교수로 활동했던 피에트로 마르티레 버미글리(Pietro Martire Vermigli)와 1551년에 망명하여 스트라스부르크와 하이델베르크에서 학생들을 가르쳤던 베르가모 지로라모 짠키(Bergamo Girolamo Zanchi)이다. 실제로, 왈도파 사람들 외에 1560년대까지 당시 가장 유명한 피난처였던 제네바에 1,000명 정도의 이탈리아 개신교도들이 유입된 것으로 알려져 있다. 1550년부터 1556년 사이에 크레모나에서 가장 많은 사람들이 왔고, 1555년부터 루카에서도 적지 않은 사람들이 왔다. 이탈리아 신앙난민들은 제네바에 가장 먼저 들어온 일부 성직자들을 빼고 의사, 법률가, 교수 같은 교육받은 사람들은 매우 드물었다. 그 대신에 소수의 귀족이 있었지만 대부분은 상인들과 장인들이었다.

스페인의 종교재판
스페인에서 에라스무스 폰 로테르담이 교회의 개혁에 끼친 영향은 결코 무시할 수 없다. 1516년부터 1559년까지 에라스무스의 저술들은 스페인 종교개혁의 한 방향을 제시했다.[105] 1524년과 1525년 사이에 에라스무스와 루터의 자유의지 논쟁이 알려지기 전까지 스페인에서 두 사람의 신학적 차이는 구분되지 않았다. 에라스무스의 저술들은 루터의 종교개혁에 관심을 갖게 한 징검다리 역할을 했다고 볼 수 있다. 에라스무스와 비슷한 성경에 대한 이해를 가지고 있으면서도 다른 종교개혁의 방향을 제시한 루터의 저술들은 처음 프랑드르에서 1520년부터 인쇄되어 스페인 전역으로 유포되기 시작했기 때문이다.[106]

1520년대 초부터 종교개혁에 대한 관심은 스페인에서 지속적으로 확산되었다. 이를 막기 위해 1521년 4월 7일 아라곤에서 공포된 칙령은 이단자이자 배교자인 루터의 저술들에 대한 소유, 판매, 독서를 금지시켰다. 그리고 그의 저술들이 서점에서 유통되지 못하도록 막는 것과 신앙검열을 통해서 발견되면 즉시 불태워야 한다는 것도 담고 있다.[107] 하지만 1530년대 초까지 스페인에서 비밀리에 유통되고 있는 종교개혁과 관련된 금서들을 막는 것은 그다지 효과적이지 못했다.[108] 가장 큰 이유로는 거의 모든 서적들이 거짓 표지와 거짓 저자의 이름으로 출판되었기 때문이다. 스페인 종

105　Otto Danwerth, *Eramus, christlicher Humanismus und Spiritualität in Spanien und Neu-Spanien (16. Jahrhundert)*, The School of Salamanca Working Paper Series (2020-01), 38.

106　Danwerth, *Eramus, christlicher Humanismus und Spiritualität in Spanien und Neu-Spanien* (16. Jahrhundert), 27.

107　John E. Longhurst, "Luther in Spain: 1520-1540", American Philosophical Society, Vol. 103, No. 1 (Feb. 28, 1959), 85.

108　Klaus Wagner, "La reforma protestante en los fondos bibliográficos de la Biblioteca Colombina," Revista Española de Teología (Madrid) 41 (1981), 393-463.

교재판소[109]는 1535년에 바르셀로나에서 종교개혁과 관련된 금서들을 판매한 대규모 프랑스 유통망을 처음으로 적발하였다. 이 사건을 계기로 스페인에서 1536년부터 루터의 저술들뿐 아니라 에라스무스의 저술들이 유통되는 것도 완전히 금지되었다. 1559년에 스페인 종교재판소가 규정한 금서들은 약 699권이었다. 하지만 1540년 때까지 넓은 의미에서 '개신교도'를 의미했던 '에라스무스주의자'(Erasmiano), '루터주의자'(Lutherano) 혹은 '신령주의자'(alumbrado/illuminista)[110]가 종교재판소에서 이단 혐의를 받았다고 해도 심각한 형벌에 처하지는 않았다.[111] 물론, 스페인에서 에라스무스주의자는 루터주의자나 신령주의자보다 덜 위험하다고 간주되었다는 것은 주

---

109 스페인의 종교재판은 혐의가 확정되면 맹세, 화해, 사법부 인계, 처벌 등의 단계로 판결되었다. 먼저, 맹세는 자신의 죄를 고백하는 것인데, 죄의 경중에 따라 벌금, 광장에서 참회복장(Sanbenito) 착용, 추방 등의 가벼운 형벌이 내려졌다. 다음으로, 화해는 죄인이 자신의 위법행위를 교회 안에서 용서는 받는 것인데, 죄의 경중에 따라 채찍질, 투옥, 갤리선 노예, 일부 재산 압수 등의 중간적 형벌이 내려졌다. 끝으로, 사법부 인계는 회개하지 않는 사람이나 상습범에게 내려진 최고의 형벌인데, 화형에 처해지는 것이다. 형벌의 집행 전에 양심의 가책을 표현한 사람은 먼저 목졸려 죽은 후에 화형을 당했다. 모든 재산이 압수되고, 모든 자손이 공직에 참여하는 것도 금지되었다. 스페인에서 종교재판은 1781년까지 진행되었다.

110 이 신비주의자들 혹은 깨달은 자들(Illuminati)은 16세기 초에 시작되었지만 종교개혁과 관련성은 확인되지 않고 중세 신비주의 영향을 받은 분파로 알려져 있다. 그들은 모든 외적 예배는 불필요한 것이며, 성례전을 받는 것도 쓸모가 없다고 주장했다. 그리고 하나님과 완전한 연합의 상태에서는 죄를 지을 수 없다고 밝혔는데, 즉 이 흠 없는 상태에 있는 사람들은 자신들의 영혼을 더럽히지 않고 성욕을 탐닉하거나 다른 죄악된 행위들을 자유롭게 행할 수 있다고 강조했다. (Nicholas Weber, "Illuminati", The Catholic Encyclopedia. Vol. 16, (New York: The Encyclopedia Press, 1914), 18.)

111 Danwerth, *Eramus, christlicher Humanismus und Spiritualität in Spanien und Neu-Spanien* (16. Jahrhundert), 28.

목될 필요가 있다.[112] 이단 판결이 내려졌어도 가벼운 형벌을 받거나 별다른 어려움 없이 이탈리아 나폴리나 프랑스 파리 같은 지역으로 이주할 수 있었다. 대표적으로, 에라스무스와 루터의 저술들을 번역하고, 종교개혁 사상을 전파한 혐의로 종교재판소에 기소된 후안 데 발데스(Juan de Valdés)는 1529년에 이탈리아로 이주하여 베네치아에서 활동하며 살았다. 1533년에 '에라스무스주의자' 혹은 '루터주의자'라는 혐의로 톨레도에서 종교재판을 받은 후안 데 베르가라(Juan de Vergara)는 이단으로 판결이 났지만 벌금과 함께 한 수도원에서 1년 정도 감금생활을 하는 가벼운 형벌을 받고 다시 복권되었다.[113] 알카라 대학교의 총장을 역임한 페드로 데 레르마(Pedro de Lerma)[114]는 1537년에 에라스무스의 사상을 전파한 혐의로 종교재판소에 기소되었다. 그는 몇 가지 사안을 철회하라는 강요를 받았지만 계속 문제가 되는 것을 피하기 위해 자신이 공부했던 파리 대학교의 교수로 갔을 때 아무런 어려움도 겪지 않았다. 물론, 그들은 엄밀하게 말하면 개신교에 대한 박해가 있던 프랑스, 이탈리아, 스페인 등에서 늘 논란이 되었던 로마가톨릭교회 안에 머물면서 비밀리에 개신교도들로 활동한 '니고데모주의자들'에 가깝다고 할 수 있다. 1540년대 후반에는 다양한 경로를 통해서 에라스무스와 루터뿐 아니라, 스위스 종교개혁자들의 저술들도 스페인에 소개되었다.

---

112   Danwerth, *Eramus, christlicher Humanismus und Spiritualität in Spanien und Neu-Spanien* (16. Jahrhundert), 33.

113   *Eramus, christlicher Humanismus und Spiritualität in Spanien und Neu-Spanien* (16. Jahrhundert), 32.

114   Luis A. Pérez & Thomas Brian Deutscher, "Pedro de LERMA - Contemporaries of Erasmus", *A Biographical Register of the Renaissance and Reformation*, (toronto: University of Toronto Press, 2003), 325.

스페인에서 진정한 '개신교 사냥'(Protestantenjagd)은 1551년에 세비야에서 개신교 공동체가 발각되면서 본격화되었다.[115] 1530년대에 세비아는 에기디오 박사(Dr. Egidio)로 알려진 후안 길(Juan Gil), 프란시스코 데 바르가스(Francisco de Vargas), 콘스탄티노 폰세 데 라 푸엔테(Constantino Ponce de la Fuente) 등과 같은 신학자들이 종교개혁에 관심을 가지면서 스페인 개신교의 중심지가 된 곳이다. 그리고 세비야에는 종교개혁의 열망 속에서 교회의 갱신을 외쳤던 인문주의자들이 활동하고 있었다. 대표적으로, 교리 학교(Colegio de la Doctrina)의 교수인 후안 페레즈 데 피네다(Juan Pérez de Pineda), 종교개혁 사상을 스페인 전역에 소개했을 뿐 아니라 신구약 성경을 스페인어(곰 성경, 1569년)로 번역·출판 카시오도로 데 레이나(Casiodoro de Reina), 레이나의 곰 성경의 개정판(레이나-발레라 성경, 1602년)을 출판한 치프리아노 데 발레라(Cipriano de Valera) 등이다. 특별히, 세비야에는 에기디오 박사와 푸엔테의 주도 속에서 1551년 초에 대략 150명의 개신교 공동체가 이미 형성되어 있었다. 하지만 같은 해에 종교재판소를 통해서 이 개신교 공동체가 발각되면서 에기디오 박사가 체포되었다. 그는 1552년에 이단 혐의로 판결을 받고 징역 1년, 공개 자백, 종교적 행사에 10년간 참여금지 등의 형벌을 받았으며, 그 후에 일시적으로 복권되었지만 1555년 말에 사망했다. 이 시기에 에기디오 박사의 친구였던 피네다는 종교재판을 받지 않기 위해 히에로니무스 수도사들(레이나와 발레라가 포함된 12명)과 함께 스페인을 탈출하여 제네바로 피신했다. 푸엔테는 에기디오 박사를 뒤이어 개신교 공동체를 이끌었지만 1557년 여름에 발각되어 이단으로 판결되었으며, 1560년 말에 감옥

---

115 Ulinka Rublack, *Die Reformation in Europa*, (Frankfurt am Main: Fischer, 2003), 132-134

스페인 종교재판의 이단자 고문을 묘사한 그림

카시오도로 데 레이나(동판화)

1569년 레이나의 곰 성경

1602년 레이나-발레라 성경

에서 사망했다. 그리고 두 사람의 유골은 다시 파내어져서 1560년 12월 22일 종교재판 후에 개신교 공동체의 다른 14명과 함께 이단자들로 불태워졌다. 여기에 율리안 헤르난데즈(Julián Hernández)도 속해 있었는데, 그는 목숨을 걸고 제네바에서 인쇄된 신약성경(스페인어 역본)[116]을 나무통에 넣어 스페인으로 밀반입시킨 인물이다.

1558년에 바야돌리드(Valladolid)에서도 50명 정도로 구성된 개신교 공동체가 세워졌다. 물론, 이 지역에서 종교개혁 사상은 1554년부터 전파된 것으로 알려져 있다.[117] 이 공동체를 이끌었던 인물들은 스페인 귀족으로 이탈리아에서 종교개혁 사상을 소개받고 개종한 카를로스 데 세쏘(Carlo de Sesso), 카를 5세(Karl V)의 궁정 사제였지만 바야돌리스의 개신교 선구자로 알려진 아우구스틴 데 카잘라 비베로(Augustin de Cazalla Vibero), 도미니카 수도회의 수도사로서 바야돌리스에 개신교 신앙을 전파한 프레이 도밍고 데 로야스(Fray Domingo de Rojas)이다. 1559년 5월 21일 공개적 형벌집행(autos de fe)에서 이단 혐의로 기소된 카잘라는 목졸려 죽은 후에 다른 13명과 함께 화형을 당했다. 이때 그의 가족들도 비극을 피할 수 없었다. 카잘라의 10형제들 가운데, 그의 형 프란시스코 데 비베로(Francisco de Vibero), 그의 누나 베아트리츠 데 비베로(Beatriz de Vibero), 그의 남동생 페드로 데 비

116　이 스페인 신약성경은 후안 페레즈 데 피네다(Juan Pérez de Pineda)가 프란시스코 데 엔지나스(Francisco de Enzinas)의 번역본을 편집하여 출판한 것이다. 그리고 좀 더 시간이 흘러 이 성경은 치프리아노 데 발레라(Cipriano de Valera)에 의해 새롭게 개정되었다. 이 개정된 신약성경은 1602년에 구약성경과 합본된 '레이나-발레라(Reina-Valera) 성경'으로 출판되었다. (Ernst Böhmer, "Spanish Reformers of Two Centuries from 1520 – Their Lives and Writings", *Bibliotheca Wiffeniana II*. (Straßburg·London: Walter de Gruyter, 1874–1904), 60.)

117　Doris Moreno, "El protestantismo castellano revisitado: geografía y recepción", *REFORMA Y DISIDENCIA RELIGIOSA*, Michel Boeglin, Ignasi Fernández Terricabras & David Kahn (eds.), (Madrid: Casa de Velázquez, 2018), 189.

카잘라의 부서진 집에 새겨진 경고비

베로(Pedro de Vibero)는 화형되었다. 그리고 그의 누이 콘스탄자 데 비베로(Doña Constanza de Vibero)와 그의 남동생 후안 데 비베로(Juan de Vibero)는 모든 재산을 몰수당하고 투옥되었다. 그의 어머니 도나 레오노르 데 비베로(Doña Leonor de Vibero)는 병고 때문에 이미 죽어 자녀들의 비참함을 목격하지는 않았지만, 그녀의 유골은 무덤에서 파내어져 불에 태워졌다. 예배를 드린 장소로 사용된 카잘라의 집은 철거되었고, 담벼락에는 다음과 같은 잔혹한 문장이 새겨졌다. "로마 교회를 관장하는 바오로 4세와 스페인을 다스리는 펠리페 2세는 1559년 5월 21일에 루터교 이단자들이 모여 우리의 거룩한 가톨릭 신앙과 로마 교회를 반대하는 집회를 열었기 때문에 페드로 카잘라(Pedro Cazalla)와 그의 아내 도냐 레오노르 데 비베로의 집을 파괴하여 철거하도록 판결했다."[118] 그리고 세쏘와 로야즈는 1년 반의 심문 끝에 펠리페 2세(Felipe II de Habsburgo)가 참석한 1559년 10월 8일 공개적 형벌집행에서 화형으로 목숨을 잃었다.

세비야와 바야돌리드에서 열린 종교재판은 매우 끔찍했다. 1559년부터 1562년까지 6번의 종교재판에서 300여 명의 개신교도들이 이단 혐의를 선고받았다. 그들 중에 70명 이상이 사법부에 인계되었는데, 공개적 형벌집행을 통해서 세비야에서 40여 명과 바야돌리드에서 30여 명이 화형에 처해졌다.[119] 참고로, 1559년 5월 21일 바야돌리의 공개적 형벌집행에는 14명 중 6명이 여성이었다. 1559년

---

118 《Presidiendo la Iglesia romana Paulo IV, y reinando en España Felipe II, el Santo Oficio de la Inquisición condenó a derrocar e asolar estas casas de Pedro Cazalla y de doña Leonor de Vibero, su mujer, porque los herejes luteranos se juntaban a hacer conventículos contra nuestra santa fe católica e Iglesia romana, en 21 de mayo de 1559.》

119 Danwerth, *Eramus, christlicher Humanismus und Spiritualität in Spanien und Neu-Spanien* (16. Jahrhundert), 34.

1559년 5월 21일 바야돌리드의 공개적 형벌집행을 묘사한 그림

10월 8일에 4명의 수녀들도[120] 똑같은 죽음을 맞았다. 당연히, 1530년대부터 1560년대까지 종교재판을 피해서 프랑스, 스위스, 이탈리아, 영국 등으로 망명한 사람들도 많았다. 대표적으로, 1557년 펠리페 2세의 잔혹한 박해가 본격적으로 시작되기 직전에 세비야 근방에 있는 성 이시도르 히에로니무스 수도원의 12명의 수도사들이

---

120 1559년 10월 8일에 화형을 당한 4명의 여인들은 모두 스페인 베네틱드 수녀원의 수녀들로 다음과 같다: 마리나 데 게바라(Marina de Guevara), 카탈리나 레이노소(Catalina Reinoso), 마르가리타 데 산티스테반(Margarita de Santisteban), 마리나 데 미란다(Marina de Miranda).

제네바로 도망을 갔다. 여기에는 곰 성경을 번역·출판한 레이나도 속해 있었다.[121]

이탈리아의 섬들이지만 종교개혁 당시 스페인의 통치 아래 있었던 시칠리아와 사르디니아에서 발생된 스페인의 종교재판도 매우 가혹했다.[122] 먼저, 시칠리아에서 1560년 말까지 종교개혁에 관심을 가진 636명에게 이단 혐의가 씌어졌으며, 그들 중에 76명이 죽음에 이르렀다. 이단 혐의를 받은 사람들 중에 4분의 1은 프랑스에서 왔다. 그리고 사르디니아에서 종교개혁을 지지했던 사람들은 1550년과 1570년 사이에 20년 동안 시련을 겪었다. 사르디니아 역사에서 가장 잘 알려진 종교재판은 스페인의 변호사였던 시지스몬도 아르케르(Sigismondo Arquer)와 관련이 있다. 그는 종교개혁을 지지한 혐의로 스페인에서 체포되어 8년 넘게 감옥에서 재판을 받았고, 1571년 6월 4일 톨레도에서 화형당했다. 특별히, 시지스몬도의 죽음은 개신교가 스페인에 뿌리내리지 못하도록 종교재판소가 지속적으로 관리했다는 사실을 알려준다. 결과적으로, 펠리페 2세의 치세 때 세비야와 바야돌리드(1559-1562)에서 발생한 종교재판 이래로 스페인에서 종교개혁의 열망은 완전히 사라졌다.

(3) 박해의 역사가 교훈하는 것 – '목숨보다 귀한 믿음'

16세기 초에도 '교회'는 요람에서 무덤까지 당시 사람들과 함께 했

121　Mariano Delgado, *Das Spanische Jahrhundert 1492-1659*, (Damstadt: WBG Academic, 2016), 71-72.
122　Del Col, "La repressione della Riforma in Italia durante il Cinquecento", 490-491.

던 가장 중요한 기관이었다. 삶을 규정하고, 삶의 의미를 알게 하며, 삶의 끝을 결정하는 실제였다. 교회는 지상에서 예수 그리스도의 대리자와 통치자인 교황 아래서 1000년 가까이 단 하나뿐인 가시적이고 거룩한 형태를 유지해 왔다. 초대교회로부터 추구해 온 성경에 근거한 '본래의 순수한 가르침'[123]에서 로마가톨릭교회가 벗어났을 때, 종교개혁은 그 교회의 교리적이고 제도적인 타락으로부터 벗어나는 것은 자연스러운 결과였다. 종교개혁은 단순히 서유럽의 엘리트주의적이고 지나가는 유행이 아니었다. 당시 다양한 사회계층의 기대와 요구에 부응하는 신앙적이고, 신학적이며 그리고 실천적인 운동이었다. 일상의 삶과 직접적으로 연관된 것일 뿐 아니라, 내세의 삶과도 뗄 수 없는 관심사였다. 이 종교개혁의 열망은 깊은 교리적인 질문과 답변을 요구했고, 서유럽 사람들의 의식과 삶에 깊숙이 뿌리내렸다.

하지만 교황주의자들은 종교개혁을 교회의 권위에 대한 도전으로 간주하였다. 개신교도들을 압제하기 위해 다시 소환된 종교재판은 프랑스, 잉글랜드, 이탈리아, 스페인에서 강력한 위력을 발휘하였다. 잉글랜드를 제외한 다른 지역들에서 종교개혁은 결과적으로 뿌리내릴 수 없었다. 많은 순교자들과 신앙난민들을 발생시킨 잔혹한 검열과 박해 아래서 고귀한 순이 나온 순간 잘렸다. 이탈리아와 스페인에서 사람들은 옛 종교의 질서에 복종하였다. 무력으로 종교개혁을 무산시킨 승리자들에게 순응한 것이다. 프랑스에서 긴 투쟁이 있었음에도 불구하고 종교개혁은 꽃 피우는 중에 짓밟혔다. 다른 개신교 국가들로 이주한 사람들을 빼면 프랑스에는 극소수의 사람들만 거의 비밀리에 개신교 신앙에 머물러 있

---

123   토마스 카우프만, 『종교개혁 입문서』, 공중은 옮김, (대전: 이화, 2018), 16.

었다.

　　종교개혁 당시 프랑스, 잉글랜드, 이탈리아, 스페인에서 발생한 박해는 다른 종교와 이방인에 의한 것이 아니었다. 한 보편교회 안에 속해 있으면서도 타락한 교회가 저지른 끔찍한 만행이었다. 교회가 타락하게 되면 진리에 대한 참된 추구보다 인간의 권위, 체제 유지를 위한 전통, 물리력을 사용한 주도권 등을 더 우선시한다는 것을 확인 시켜주었다. 참된 진리에 대한 사랑과 인간에 대한 긍휼은 사라지고 타락한 인간의 본성을 광명한 천사의 얼굴로 과장한 거짓 교회의 민낯을 보여 준 것이다. 이 역사적 사실은 참된 믿음이 있는 곳에 하나님의 나라와 교회를 무너뜨리려는 시도가 늘 발생할 수 있다는 사실을 깨닫게 한다.

　　개신교도들에 대한 박해는 종교개혁이 공론화되면서 점진적으로 확대되어 바른 신앙과 바른 교회를 추구했던 신자들을 고난의 길로 내몰았다. 하지만 긴 역사적 과정 속에서 다양한 협정과 칙령들을 통해서 엄혹했던 박해의 터널을 벗어날 수 있었다. 그리고 역사의 아이러니이지만 기독교에 가장 큰 위협이 되었던 계몽주의도 인간의 자유, 평등, 박애를 외치며 종교적 박해의 종식에 크게 기여하였다. 먼저, 역사 속에서 종교적 평화에 기여했던 다양한 칙령들은 다음과 같다: 독일에서 공포된 1555년 아우크스부르크 종교평화협정(Augsburger Religionsfrieden), 1648년 베스트팔렌 평화협정(Westfälischer Friede), 1571년 호브레히트 헌장(Hobrecht-Charta)[124] 등을 떠올릴 수

---

[124] '호브레히트 헌장'은 1571년 베를린에서 브란덴부르크의 선제후 요아킴 2세에 의해 공포되었다. 베를린과 그 주변 지역들 안에 있는 루터파 교회, 개혁파 교회, 로마가톨릭교회에 종교적 관용을 부여한 것이다. 이 호브레히트 헌장은 한 지역에서 다양한 교파들이 공존할 수 있도록 허용한 정책의 초기 사례라고 할 수 있다.

1. 종교개혁과 신앙박해　**145**

있다. 프랑스에서 공포된 1598년 낭트 칙령(Édict of Nantes), 1787년 베르사유 칙령(Édit de Versailles)[125]도 잊지 않아야 한다. 영국에서 공포된 1689년 관용령(Act of Toleration), 오스트리아에서 공포된 1781년 관용 칙령(Toleranzpatent)[126] 등도 큰 몫을 하였다. 다음으로, 14-16세기 르네상스 인문주의의 영향 속에서 인간의 권리, 이성의 능력, 양심의 자유에 대한 중요성이 점차적으로 증대되어, 결과적으로 인간의 가치를 새롭게 규정한 18세기 계몽주의 사상도 크게 기여하였다. 야만적 종교로부터 자유와 인간에 대한 관용을 강조하면서 유럽에서의 기나긴 종교적 박해를 종식시켰기 때문이다.

위와 같은 역사적 과정을 통해서 종결된 유럽의 종교적 박해와 관련하여 우리는 다음과 같은 질문 앞에 서게 된다: "예수 그리스도에 대한 믿음이 우리가 때로 목숨을 걸어야 하고, 조국을 떠나서 망명객으로 살아야 하며, 평생 고난 속에서 산다고 해도 가치가 있는 것일까?" 교회의 오랜 역사는 이 질문에 대해 무엇이라고 답변할까? 당연히, "그렇다"라고 주저 없이 답변한다. 특별히, 종교개혁 시대에 바른 신앙을 지키기 위해 말로 다 형용할 수 없는 온갖 고초를 당하면서도 믿음으로 그 현실을 살아냈던 신자들이 이 답변을 보증한다. 이는 예수 그리스도로 말미암은 구원의 은혜가 우리의 목숨보다 더 크다는 사실에 대한 역사적 증언이다.

2000년 기독교 역사를 볼 때, 교회에 대한 박해는 과거의 사건

---

[125] '베르사유 칙령'은 프랑스에서 예배의 자유는 허용되지 않았지만, 개신교도들과 유대인들에게 국교인 로마가톨릭 신앙으로 개종하지 않고도 시민의 권리를 누리를 수 있게 한 관용법이다.

[126] '관용 칙령'은 1781년 오스트리아의 요제프 2세(Joseph II) 황제가 루터파 교회의 신자들과 개혁파 교회의 신자들 같은 개신교도들뿐 아니라 유대인들에게도 종교의 자유를 부여한 관용법이다.

인 동시에 현재 진행되고 있는 사건이다. 앞으로도 언제든지 일어날 수 있는 미래의 사건이기도 하다. 우리는 지금 과거의 어떤 때보다 평화를 누리고 있다. 그러나 기독교 역사는 교회가 고난받을 때보다 평화라고 말하는 시기에 더 부패하고 타락했다는 사실을 증명한다. 우리가 평화를 누리고, 순수하게 복음이 받아들여지며, 복음을 탄압하는 사람들이 없을 때, 우리는 쉽게 현실에 안주하게 되고, 영적인 잠에 빠질 수 있다. 왜냐하면 우리의 성향이 편안한 것을 추구하고, 믿음의 경주보다 안주하려는 연약함을 가지고 있기 때문이다. 그러므로 하나님이 회초리를 들어 우리의 무감각을 징계하시기 전에 우리는 항상 영적으로 깨어 있어야 한다.

2

종교개혁과 신앙난민

16세기 종교개혁 당시 유럽은 내부적으로 결코 조용하지 않았다. 독일과 스위스를 제외한 유럽 전역에서 개신교도들에 대한 혹독한 박해가 발생했기 때문이다.[127] 장 깔뱅(Jean Calvin)이 증언한 것처럼 서유럽의 대표적인 국가 프랑스, 잉글랜드, 이탈리아, 스페인에서 종교개혁 사상을 따른다는 이유로 잔혹한 박해가 발생하였다.[128] 이러한 국가들에서 자행된 종교적 박해의 현장은 마치 하나님이 계시지 않은 것처럼, 잔혹하고 피비린내 진동하는 지옥과 같았다. 혀

---

127 물론, 12세기 이래로 박해를 받아왔던 왈도파, 종교개혁 이전부터 박해를 받았던 존 위클리프의 후예들인 롤라드파와 얀 후스의 후예들인 보헤미아인들, 1526년 '모하치'(Mohács) 전투에서 패배한 후에 오스만 투르크 아래서 고초를 당했던 헝가리 신자들, 독일과 스위스에서 종교개혁자들과 다른 입장에서 급진적인 사회개혁과 교회개혁을 요구한 것 때문에 박해를 받았던 재세례파 등도 기억되어야 한다.

128 Calvin's sermons on II Samuel, I cite from the Suppliamenta Calviniana: Sermons inédits, Predigten über das 2. Buch Samuelis, ed. Hanns Rückert, (Neukirche, 1961), 272-273: "Our Lord has wanted to afflict his own in many places. Poor people have had their throats cut, there have been many horrible and bloody butcheries, many outrages, tyrannies, and cruelties. Then the poor faithful will be expelled from their homes, and it will be much if they escape with their lives. Their goods will be seized their wives and children will be like poor vagabonds, fleeing here and there, always in danger, like a bird on a branch."

가 뽑히거나 시뻘겋게 달궈진 쇠꼬챙이에 뚫리고, 목이 잘리며, 살아 있는 상태에서 불태워졌다. 창과 칼로 찌르고, 높은 건물에서 물건처럼 사람을 떨어뜨렸으며, 알몸으로 뾰족한 통나무에 뚫린 채 세워졌다. 온 가족이 몰살당하고, 모든 재산은 강제로 빼앗겼으며, 아무것도 제공하지 않는 감옥에서 평생을 갇혀 지내야 했다. 어린아이들은 바위에 내동댕이쳐지고, 여자들은 몹쓸 짓을 당한 채 무참히 살해되었으며, 이미 죽은 사람들은 부관참시당하여 불 속에 던져졌다. 예배를 드리는 중에도 신자들은 창과 칼로 살해되었고, 예배가 집례 되고 있는 교회는 불살라졌으며, 신자들이 살고 있는 마을은 폐허가 되었다.

참혹한 박해의 참상은 말로 다 형언할 수 없는 너무도 슬픈 광경이었다. 바른 신앙을 추구하는 것 때문에 목숨을 잃거나 삶의 터전까지 버려야 하는 현실과 관련하여 굳이 이렇게까지 비참한 삶을 살아야 하는가를 깊이 고민하게 한다. 서로 같은 하나님의 이름을 불렀지만 교황주의자들에게 개신교도들은 '마귀에게 미혹된 이단' 또는 '마귀의 추종자', 그 이상도 그 이하도 아니었다. 종교개혁 시대의 박해는 삼위일체 하나님을 믿을 뿐 아니라 예수 그리스도를 주(主)로 고백할지라도, 그 종교가 타락하게 되면 얼마나 잔혹하고 포악해질 수 있는지 여실히 보여 주었다.

특별히, 로마가톨릭교회의 종교적 박해 때문에 삶의 터전을 버리고 낯선 땅에서 이방인으로 살아내야 했던 신앙난민들의 삶은 매우 고달팠다. 앞서 살핀 프랑스, 잉글랜드, 이탈리아, 스페인에서 발생한 종교적 박해를 피해 방랑하는 삶을 살아야 했다. 이 나라들로부터 도망친 신앙난민들이 가장 선호했던 곳은 깔뱅의 도시 '제네바'였다.

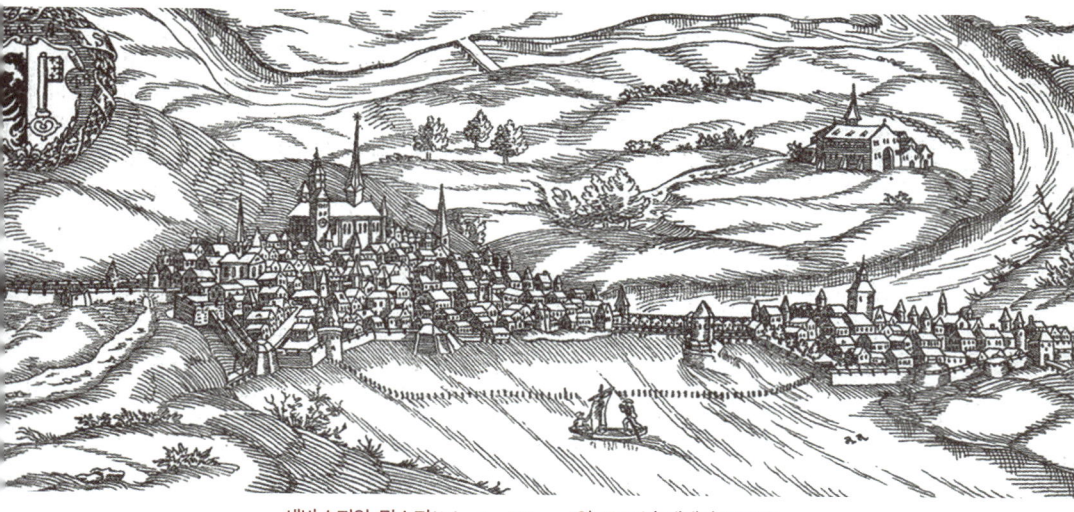

세바스티안 뮌스터(Sebastian Münster)의 1548년 제네바(목판화)

(1) 종교개혁 시대에 박해받는 사람들의 피난처 – '제네바'

마틴 루터, 울리히 쯔빙글리 외에도 우리에게 잘 알려진 마틴 부처, 하인리히 불링거, 장 깔뱅, 테오도르 베자, 존 녹스 등과 같은 종교개혁자들도 신앙 때문에 고향이나 고국을 등지고 망명을 경험했거나 평생 이방인으로 살았던 인물들이다. 그래서 그들은 종교개혁 당시 벌어진 박해 아래서 신앙의 자유를 찾아 타국에 정착한 난민들에 대해 깊은 관심과 애정을 가졌다.

    1520년대부터 1570년대까지 종교개혁의 시대에 얼마나 많은 개신교도들이 투옥되었고, 처형되었으며, 다른 나라로 망명했는지 정확히 알 수는 없다. 이는 역사 기록의 불분명함, 포괄적으로 수

집된 사료(史料)의 한계, 박해가 일어난 지역의 각기 다른 상황 등으로 인하여 객관적인 증명이 불가능하기 때문이다. 다만, 이 시기에 남아있는 기록들과 역사적 정황에 따른 추정에 근거할 때, 수십만 명이 종교재판을 통해서 이단으로 투옥되거나 화형을 당했으며, 다른 나라로 삶의 터전을 옮긴 것으로 간주된다. 종교개혁이 공론화된 이래로 18세기 말까지 벌어진 박해와 관련하여 수백만 명이 이 같은 극심한 핍박을 받은 것으로 알려져 있다. 신앙의 자유를 원했던 사람들은 마치 아브라함처럼 갈 바를 알지 못하는 나그네가 되어 유럽의 개신교 국가들이나 지역들을 부초처럼 떠돌았다.

종교개혁 당시 가장 많은 신앙난민들이 유입된 곳은 깔뱅이 활동하고 있는 제네바였다. 프랑스, 잉글랜드, 이탈리아, 스페인 망명자들은 이 도시에서 자유롭게 신앙생활을 할 수 있었고, 어렵지만 희망이 있는 삶을 이어갈 수 있었다. 물론, 제네바 외에 취리히, 스트라스부르크, 프랑크푸르트 등도 신앙난민들을 위한 대표적 피난처들이었다. 쯔빙글리의 도시 취리히는 1523년 1월 29일 《취리히 첫 번째 논쟁》을 통해서 종교개혁이 공식화된 이래로 신앙난민들의 주요한 피난처로서 역할을 하였다. 하인리히 불링거가 활동할 당시 취리히는 메리 망명자들과 이탈리아 신앙난민들에게 자유롭게 살 수 있는 여건을 제공하였다. 스트라스부르크는 유럽의 다른 지역에서 신앙박해를 피해 탈출한 다양한 개신교도들의 안전한 피난처였다. 스트라스부르크는 종교적 관용으로 유명한 도시였기 때문이다. 마틴 부처는 재세례파들, 프랑스 개신교도들, 메리 망명자들에게 신앙의 자유를 제공하였다. 독일의 국제 자유도시였던 프랑크푸르트 역시 신앙난민들이 선호하는 피난처였다. 유럽의 여러 지역에서 수많은 개신교도들이 박해를 피해 이 도시를 찾았다. 특별히, 이곳에서 신성로마제국의 황제 카를 5세의 통치 때 프

생피에르 교회에서 깔뱅의 성찬 집례를 묘사한 그림

깔뱅이 설교한 생피에르 교회

랑스와 잉글랜드에서 온 신앙난민들과 루터파 교회, 개혁파 교회, 재세례파 등을 아우르는 다양한 교파들의 신자들도 종교적 관용을 누렸다. 프랑크푸르트는 종교개혁 사상이 논의되는 신학적 토론과 회의를 위한 중요한 교류의 장소이기도 했다. 그밖에 엠덴, 덴마크, 암스테르담, 런던[129], 동유럽의 몇몇 도시들도 종교개혁 당시 신앙난민들의 피난처 역할을 했던 주목할 만한 곳들이다.

(2) 제네바에 온 신앙난민들

스위스 서쪽 끝에 위치한 제네바는 깔뱅의 신학적 영향으로 종교개혁의 중심지가 된 도시이다. 다양한 나라들에서 종교적 박해를 받았던 개신교도들이 신변의 안전과 생활의 보호를 받고, 깔뱅의 가르침을 따르기 위해 제네바로 피신하였다. 실제로, 깔뱅이 활동했던 1549년부터 1560년까지 약 11년에 걸쳐 제네바에 5천 여명의 신앙난민들이 유입된 것으로 알려져 있다.[130] 종교개혁 초기 1530년대 제네바에 유입된 사람들은 거의 모두 성직자들이었다. 그들은 매우 드물게 제네바에 정착한 것으로 보이지만 자세한 기록은 확

---

129 영국 런던은 신앙박해를 피해 달아난 사람들을 끌어들이는 곳이었다. 특별히, 제임스 6세와 엘리자베스 1세의 통치 때 유럽 대륙에서 온 개혁파 목사들과 신자들의 피난처가 되었다.

130 1549-1560년에 온 제네바 난민들의 숫자는 파울 가이젠도르프(Paul F. Geisendorf)가 제네바 주민등록명부에 대한 연구를 통해서 확인한 내용이다: Paul, F. Geisendorf(Ed.), *Livre des habitants de Genève*, v 1: 1549-1560, v1 (Geneva: Librairie E Droz, 1957). 그리고 깔뱅 사후 1572-1574년과 1585-1587년의 제네바 난민들에 대한 연구도 후속으로 이루어졌다: Paul, F. Geisendorf(Ed.), *Livre des habitants de Genève*, v 2: 1572-1574 & 1585-1587, (Geneva: Librairie E Droz, 1963).

인되지 않는다. 그러나 1541년 칼뱅이 스트라스부르크에서 제네바로 돌아온 후부터 신앙난민들은 점차 증가했으며, 1550년 후반에 가장 많은 수가 유입되었다. 1557년 기록에 따르면, 비록 일시적이긴 하지만 외국인들이 원주민들보다 더 많았음이 확인된다.[131] 당시 기록의 불분명함 때문에 국적에 따른 정확한 숫자를 파악하는 것은 쉽지 않다. 그럼에도 불구하고 제네바의 공적인 기록(주민등록명부)을 참고할 때, 앞서 밝힌 5,000명 정도의 외국인들이 제네바에 들어온 것으로 보인다. 이 기록에는 없지만, 그들과 함께 온 가족 구성원들이나 시종들을 포함하면 대략 7,000여 명이 제네바에 유입되었을 것이라고 보는 학자들도 있다.[132] 그들 중에서 1,600여 명은 1557-1558년에, 1,700여 명은 1559년에 집중적으로 정착하였다. 깔뱅이 제네바에 처음 왔을 때, 그곳의 전체 인구가 10,300명 정도였던 점을 감안하면, 이 같은 인구 증가는 매우 놀라운 수치가 아닐 수 없다.[133] 특히 깔뱅의 죽음 후에 1567-1570년, 1572년, 1585년에도 프랑스 신앙난민들이 제네바에 대거 유입되었는데, 그들은 프랑스가 안정될 때까지 체류하였다.[134]

종교개혁 당시 신앙난민들은 개신교에 대한 핍박이 극심했던 프랑스, 잉글랜드, 이탈리아, 스페인에서 왔는데, 가장 많은 수가

---

131 T. H. L. 파커, 『존 칼빈의 생애와 업적』, 김지찬 역, (서울: 생명의말씀사, 1986), 277. 1549-1560년에 신앙난민들은 최소 13,100명에서 최대 21,400명 정도로까지 파악된다. (Robert M. Kingdon, "Calvinism and Social Welfare", *Calvin theological journal* (1982), Vol. 17, 223.)
132 Philip Benedict, "Refugee churches and exile centers in the French Reformation", *LA RÉFORME EN FRANCE ET EN ITALIE*, Philip Benedict, Silvana Seidel Menchi et Alain Tallon (dir.), (Rome: Publications de l'École française de Rome, 2007), 539-540.
133 윌리엄 몬터, 『칼빈의 제네바』, 신복윤 옮김, (수원: 합동대학원출판부, 2015), 240.
134 Benedict, "Refugee churches and exile centers in the French Reformation", 538.

제네바와 동일 언어권인 프랑스에서 온 사람들이다. 이들은 전체 망명객 중에서 적게는 3분의 2정도, 많게는 4분의 3정도가 된다고 알려져 있다.¹³⁵ 노르망디나 랑그독 같이 인구가 많은 지역에서 온 사람들이 다수였다. 하지만 전체적으로 잔혹한 핍박이 발생한 프랑스 전역에서 온 사람들이었다. 그들 중에 700여 명은 프랑스어를 사용하는 남부 네덜란드(현재의 벨기에)와 같은 신성로마제국에 속한 지역에서 온 사람들이었다. 독일어를 사용하는 지역에는 9명 정도가 왔다.¹³⁶ 신앙난민들 중에는 간혹 혼자인 경우도 있었지만, 대부분은 가족 구성원들이나 시종들과 함께 왔다.¹³⁷

제네바에 온 신앙난민들은 제네바 원주민들보다 여러 나라에서 온 외국인들과의 접촉이 더 많았는데, 아마도 서로가 같은 처지였기 때문으로 보인다. 그리고 대부분의 신앙난민들은 제네바에 장기적으로 체류하지 않고, 종교적이고 정치적인 상황이 바뀜에 따라 고국으로 돌아갔다. 물론, 주택난이나 생활고 때문에 되돌아가는 경우도 있었다.¹³⁸ 그들 중에는 다양한 이유로 여러 나라를 돌아다니며 짧은 기간만 체류하는 사람들도 있었다. 종교와 생활여건이 더 나은 지역을 찾아서 떠난 경우도 많았다. 실제로, 제네바는 갑작스러운 인구 증가로 몹시 혼잡하였다. 제네바 정부와 교회가 밀려들어 오는 신앙난민들을 위해 많은 조치를 취했음에도 불구하고, 모든 문제들을 다 해결할 수는 없었다. 그리고 경제활동의 기회도 제한적이었다. 특히 종교적 분위기도 만족스럽지 못

---

135 Benedict, "Refugee churches and exile centers in the French Reformation", 539.
136 몬터, 『칼빈의 제네바』, 248.
137 Elizabeth Armstrong, Robert Estienne, *Royal Printer*, (England: Cambridge, 1954), 213-16.
138 파커, 『존 칼빈의 생애와 업적』, 278.

하였다. 이는 신앙적 가르침의 문제가 아니라, 너무나 많은 사람들로 가득 찬 교회에서 차분히 예배를 드리거나 설교를 듣는 것이 쉽지 않았기 때문이다. 자신의 고국으로 돌아가지 못하는 난민들은 다른 주변 지역으로 옮겨가기도 하고, 새로운 대륙으로 이주하는 경우도 적지 않았다.

(3) 제네바에 세워진 난민교회

프랑스 난민공동체

프랑스 신앙난민들 중에는 종교개혁의 영향을 받은 개신교도들만 있는 것은 아니었다. 그들보다 더 오랫동안 지속적으로 핍박을 받아온 왈도파 사람들도 속해 있었다. 한 실례로, 그들은 1545년 프랑수아 1세(François I)의 명령으로 자행된 '메린돌 학살'(Massacre de Mérindol)[139]에서 3,000여 명이 죽고, 670여 명이 갤리선의 노예로 끌려갔다. 그리고 황폐해진 토지로 인하여 수많은 사람들이 굶어 죽었다. 이 잔혹한 박해 때, 깔뱅은 왈도파를 옹호하며 스위스 종교개혁 지역들을 직접 찾아가거나, 그곳들에 서신을 보내 왈도파를 도울 수 있는 일을 적극 도모하였다. 왈도파가 제네바에 들어올 수 있도록 조치하였고, 기금을 모아서 그들이 정착하는 데 실제적 도움이 되도록 힘썼다. 1555년에 프랑스 남부지역과 알프스 산맥에 거주하는 왈도파가 앙리 2세(Henry II)에 의해서 또다시 박해를 받았다.

---

139 William Monter, *Judging the French Reformation*, (Cambridge · Massachusetts: Harvard University Press, 1999), 99.

이때도 깔뱅은 종교개혁을 받아들인 스위스 도시들과 독일 남부 도시들에 기욤 파렐과 테오도르 베자를 파견하여 프랑스 왕실에 왈도파의 구명을 위해 압력을 넣도록 독려하였다. 특별히, 이 일에 하인리히 불링거가 깊이 협력한 것으로 알려져 있다. 1560년에 제네바에 정착한 왈도파 사람들은 《프랑스 신앙고백서》를 공식적으로 받아들였다. 그들은 프랑스에서 온 신앙난민들과 마찬가지로 제네바 교회에 동화되어 신앙생활을 하였다.

프랑스에서 제네바로 온 신앙난민들은 동일 언어로 인하여 깔뱅의 의도 속에서 독자적인 난민교회를 세우지 않고 제네바 교회에 자연스럽게 편입되었다.[140] 그들은 다양한 직업적 일들을 감당하며 도시 곳곳에 흩어져 살았다. 그들이 거주하는 지역의 교구 교회에 참석했으며, 죄를 지은 경우에 치리법원(Consistorium)에서 권징을 받기도 하였다. 그리고 그들의 자녀들은 매 주일 정오 12시에 열리는 교리문답이 해설되는 예배에 참석하였다. 이런 가운데도 제네바에서 자신들의 고유성을 유지했던 프랑스 신앙난민 공동체는 그들이 뽑은 집사회를 통해서 '프랑스 기금'(bourse française)을 운영하였다. 1540년대 중반에 설립된 이 기금은 자선기관으로서 프랑스 망명자들을 하나의 공동체로 묶는 역할을 하였다. 그리고 그들 중에 더 가난한 사람들의 필요를 충족시키기 위해 기부금으로 운용되었다.[141] 프랑스 기금은 가난한 신앙난민들을 위해 마련된 것으로써 제네바에 온 방문객을 위한 여비, 집을 구하지 못한 사람들을 위한 숙소 마련, 급하게 필요한 현금이나 곡물 제공, 직업훈련 비

---

140 Kingdon, Calvin and discipline among French and Italians, *LA RÉFORME EN FRANCE ET EN ITALIE*, Philip Benedict, Silvana Seidel Menchi et Alain Tallon (dir.), (Rome: Publications de l'École française de Rome, 2007), 556.

141 Kingdon, Calvin and discipline among French and Italians, 556.

용, 생활과 직업에 필요한 도구 구입 등 실생활 지원을 위해 폭넓게 사용되었다. 이뿐 아니라, 복지적인 면에서 부모 잃은 고아 돌봄, 의료 서비스, 그리고 질병, 장애, 노환 등으로 스스로 자립할 수 없는 사람들을 평생 돕는 일까지 다양하게 활용되었다. 프랑스 기금은 경제적 능력이 없는 가난한 사람들을 무상으로 도왔다. 하지만 조금이라도 경제적 능력이 있는 사람들에게는 대출을 해줌으로써 기금의 운용이 지속될 수 있도록 하였다.[142]

제네바에서 프랑스 난민공동체가 수행했던 가장 중요한 역할 중 하나는 프랑스에서 활동하는 개신교도들을 위해 인적·물적 지원을 한 것이다. 한편으로, 프랑스 난민공동체는 프랑스에서 활동할 목사들(선교사들)을 모집하고 훈련 시켜서 파송하였다. 1555년과 1562년 사이에 100명 이상의 목사들이 제네바 교회에서 파송을 받고 프랑스 전역에서 활동한 것으로 알려져 있다.[143] 다른 한편으로, 프랑스 전역에 교회가 세워질 수 있도록 자금을 조달했을 뿐 아니라, 다양한 신학 자료들을 배포하였다.[144] 특히 주목할 점은, 제네바의 프랑스 신앙난민들이 조국에 있는 개신교도들과 개종을 바라는 사람들을 위해 여러 저술들을 프랑스어와 라틴어로 출판했다는 것이다. 즉, 선교기관의 역할을 했던 프랑스 신앙난민들이 운영하는 인쇄소들을 통해서 성경과 논쟁서들, 깔뱅의 『기독교 강요』 같은 교리서들, 주석들, 그리고 각종 사전류와 히브리어, 헬라어, 프랑스 문법서 등을 지속적으로 공급하였다. 1551년부터 1564

---

142 Jeannine, E. Olson, "The Bourse Française: Deacon and Social Welfere in Calvin's Geneva", *Pacific Theological Review* (1982), 21.

143 Robert. M. Kingdon, *Geneva and the Coming of the Wars of Religion in France 1555-1563*, (Geneva: Librairie E. Droz, 1956), 145.

144 Benedict, "Refugee churches and exile centers in the French Reformation", 536.

년까지 제네바에서 527권 이상의 출판물이 발행되었다.[145] 이 물적 지원은 다양한 형태로 스위스 다른 도시들인 로쟌과 뇌샤텔을 비롯하여 스트라스부르크, 런던, 앤트워프 등에 있는 프랑스 난민교회들을 통해서도 어느 정도 이루어졌다.

    1570년 초부터 프랑스 신앙난민들의 제네바 유입은 점차 줄어들었다. 프랑스에서 개신교의 확산으로 많은 사람들이 임박한 복음의 승리를 기대하며, 고국에서 엄혹한 현실을 견뎌냈기 때문이다. 이 당시 제네바에 머물고 있던 프랑스 신앙난민들 중에는 생활고 때문에 다시 고향으로 돌아가거나 위그노 전쟁에 참전하기 위해 돌아간 경우도 있었다.[146] 프랑스 신앙난민들의 새로운 유입은 1598년 '낭트 칙령'(Édit de Nantes)이 공포되기 전까지 세 차례 정도 일시적으로 증가하였다. 하지만 대부분의 사람들은 제네바에 오래 머물지 않은 것으로 알려져 있다.

잉글랜드 난민교회

메리 튜더(Mary Tudor)가 1553년 10월 1일 잉글랜드와 아일랜드의 여왕으로 등극함으로써 그 땅에서 개신교도들에 대한 피바람이 불었다. 이미 밝힌 것처럼, 존 폭스(John Fox)가 쓴 『순교자 책』(1563)[147]을 보면, 피의 메리(Bloody Mary)의 통치 기간(1553-1558)에 248명의 개신교도들이 불 속에서 죽었고, 30명이 감옥에서 목숨을 잃었다. 그리고

---

145 Jeannine E. Olson, *Calvin and Social Welfare: Deacons and the Bourse Française*, (Selinsgrove: Susquehanna University Press, 1989), 50-69.

146 Kingdon, *Geneva and the Coming of the Wars of Religion in France 1555-1563*, 116-17.

147 John Foxe, *Actes and Monuments of these Latter and Perillous Days, Touching Matters of the Church*, (London: John Day, 1563).

노트르담 라 뇌브 교회 입구

다양한 직업군에 속해 있는 800명 정도의 개신교도들이 종교의 자유가 허용된 유럽의 종교개혁 도시들로 망명을 떠났다.[148]

'메리 망명자들'(Marian Exiles)의 전체 4분의 1에 해당하는 233명이 제네바에 순차적으로 유입되었다. 1555년과 1557년 사이에 가장 많은 사람들이 들어온 것으로 알려져 있다. 잉글랜드에서 온 신자들은 제네바에 독자적인 난민교회를 설립하였다. 최초의 영어 예배는 1555년 11월에 아직 사용되고 있지 않은 이전 '노트르담 라 뇌브 교회'(Notre-Dame-la-Neuve Chapel / L'Auditoire)에서 드려졌다. 1555년에 크리

---

148 Peter Marshall, "Religious Exile in the Early Modern World: An Introduction," *Religious Exile and the Early Modern English Catholic Diaspora*, ed. Liesbeth Corens, Alexandra Walsham & Andrew Spicer, (Cambridge University Press, 2011), 4-5.

스토퍼 굿맨(Christopher Goodman)과 앤서니 길비(Anthony Gilby), 1556년에 존 녹스(John Knox)[149], 1559년에 윌리엄 위팅엄(William Whittingham) 등이 잉글랜드 난민교회의 설교자로 선출되어 섬겼다.

제네바에서 잉글랜드 신자들은 교회에서 사용할 예배와 신앙생활에 반드시 필요한 성경과 시편 찬송을 자국어로 직접 출판하였다. 대표적으로, 1557년 영문 신약성경, 1559년 영문 시편 찬송, 1560년 『제네바 성경』으로 알려진 영문 신구약 성경 등이 간행되었다. 제네바 성경은 윌리엄 틴데일(William Tyndale)과 마일스 커버데일(Myles Coverdale)의 번역 성경을 기반으로 히브리어 원문과 헬라어 원문을 참고하여 번역된 것이다. 1559년 깔뱅의 요청으로 제네바에서 목사 안수를 받은 위팅엄의 감독 하에 여러 사람들이 공동으로 작업하였다. 1557년에 신약성경이 번역되었고, 1560년에 신구약 성경이 완역되었다.[150] 1558년 11월 17일 메리 여왕이 죽었을 때, 모든 망명자들이 잉글랜드로 귀환을 서둘렀지만, 위팅엄과 길비는 『제네바 성경』이 완성될 때까지 그 도시를 떠나지 않고 머물러 있었다. 모든 것이 마무리된 1560년 5월 말에 두 사람은 제네바를 떠날 수

---

149 스코틀랜드 목사 존 녹스는 1546년 3월 29일 조지 위샤트(George Wishart)의 화형에 격분한 18명의 개신교도들이 세인트앤드루스 성에 침입하여 데이비드 비튼(David Beaton) 추기경을 살해한 사건에 연루 되었다. 이 때문에 그는 프랑스군의 포로로 1년 7개월 동안 갤리선의 노잡이로 잡혀 있었다. 1549년 초에 잉글랜드 왕 에드워드 6세(Edward VI)의 도움으로 자유인이 된 녹스는 런던에 머물며 활동하였다. 하지만 그는 메리 튜더(Mary Tudor)가 여왕으로 즉위하면서 유럽 대륙으로 망명해야 했다. 이러한 배경 속에서 녹스도 '메리 망명자들'의 명단에 오른 것이다. (Jasper Ridley, John Knox, (Oxford: Clarendon Press, 1969), 147-164.)
150 제네바 성경의 번역에 직접 참여한 인물들은 윌리엄 위팅엄(William Whittingham)을 포함하여, 마일스 커버데일(Myles Coverdale), 크리스토퍼 굿맨(Christopher Goodman), 앤서니 길비(Anthony Gilby), 토마스 샘슨(Thomas Sampson), 윌리엄 콜(William Cole)이다.

1560년 제네바 성경 표지

있었다.

　잉글랜드 난민교회는 고국에 있는 목회자들과 신자들을 위해 다양한 논쟁글들과 신학서적들을 출판하여 보급하는 일에도 큰 관심을 가졌다. 조국 교회가 다시 개신교로 회복되고, 더욱 엄밀한 개혁을 이룰 수 있도록 준비한 것이다. 메리 망명자들은 정착했던 유럽 대륙의 종교개혁 도시들, 특히 제네바에서 개혁된 교회(Ecclesia Reformata)의 실체를 보았다. 비록 완벽할 수는 없지만, 이 땅에서 성경의 가르침에 가장 부합한 교회가 어떤 형태를 추구해야 하는지를 제네바에서 목격한 것이다. 그들이 난민생활을 끝내고 잉글랜드로 돌아갔을 때, 이러한 신앙적 인식이 그들에게 새로운 이정표가 되어 주었음은 두말할 나위 없다.

　제네바의 메리 망명자들은 엘리자베스 1세(Elizabeth I) 여왕이 즉위했을 때 기대와 위로 가운데 잉글랜드로 귀환하였다. 1560년 5월에 외교 문제를 다루는 제네바 소(小)의회는 공식적 의결을 통해서 일부 남아 있는 잉글랜드 사람들도 고국으로 돌려보냈다. 제네바에 아무도 남지 않음으로 잉글랜드 난민교회도 문을 닫았다.

이탈리아 난민교회

종교개혁과 관련된 박해 때문에 1542년부터 제네바에 들어온 이탈리아 신앙난민의 숫자는 지속적으로 증가하여 잉글랜드에서 온 사람들보다 더 많았다. 1560년대는 이탈리아 공동체에 1,200여명이 증가하여 신앙난민들의 유입이 최절정에 이르렀다. 그들 중에 4분의 1은 북이탈리아의 피에몬테에서 온 왈도파 사람들이었다. 그리고 이탈리아 남부 나폴리에 살았던 인문주의자들과 칼라브리아의 여러 왈도파 마을에서 온 사람들도 있었다.[151] 그밖에 교황령 바티칸, 토스카나, 제노아, 베네치아, 밀라노, 크레모나 등에서도 유입되었다. 이탈리아 신앙난민들은 초기에 제네바에 들어온 일부 성직자들을 제외하면, 교육받은 사람들은 그다지 많지 않았다. 학문적 소양을 갖춘 몇몇 귀족이 있었지만, 대부분은 장인들과 상인들이 주류를 이루었기 때문이다.

1542년 제네바 의회는 토스카나에 속한 도시 시에나에서 온 베르나르디노 오치노(Bernardino Ochino)의 요청으로 이탈리아 신앙난민들이 독립적으로 예배드리는 것을 허락하였다.[152] 이탈리아 난민교회가 공식적으로 세워지기 전까지 이 예배 모임은 계속되었는데 오치노가 처음 3년 정도(1542-1545) 설교한 것으로 알려져 있다.[153] 그리고 1551년 11월에 이탈리아 개신교도들의 요구에 따라서 깔뱅이 제네바 소(小)의회에 제출한 교회설립 청원서가 승인되면서 이탈리아 난민교회가 공식적으로 세워졌다.[154]

---

151 몬터, 『칼빈의 제네바』, 249.
152 CO 21. 304. 오치노는 1542년 8월 31일에 스위스 국경을 넘어 맨 처음 제네바에 체류하였다. 그는 깔뱅의 종교개혁에 깊이 동감했지만, 개인적인 사유로 3년 후인 1545년에 제네바를 떠나서 바젤, 아우크스부르크, 런던, 취리히 등에 머물며 이탈리아 난민교회들을 섬겼다. 하지만 생의 말년에 오치노는 점차 카스파르 폰 슈벤크펠트(Caspar von Schwenckfeld)의 급진적이고 신비주의적인 사상에 관심을 가지면서 개혁과 교회의 교리에 대한 비판적 입장을 가졌다. 그리고 트란실바니아로 가는 도중에 베네치아 재세례파인 니콜로 파루타(Niccolò Paruta)의 집에서 1564년 말에 사망했다. 오치노는 죽으면서 다음과 같은 말을 남겼다고 한다: "나는 교황주의자나 칼뱅주의자가 되고 싶지 않고 오직 기독교인이 되고 싶었다." (Indro Montanelli & Roberto Gervaso, *Storia d'Italia: Volume XVI: L'età della Controriforma*, (Milano: BUR, 1975), 419.)
153 존 맥닐, 『칼빈주의 역사와 성격』, 양낙홍 옮김, (서울: 크리스챤다이제스트, 2006), 208.
154 Kingdon, Calvin and discipline among French and Italians, 558.

베르나르디노 오치노의 초상화   유니테리언주의의 창시자
                                지오르지오 비안드라타

노트르담 라 뇌브 교회에서 모였던 이탈리아 난민교회도 제네바에서 사용된 예배 모범, 시편 찬송, 신구약 성경 등을 자국어로 번역 출판하여 사용하였다. 이 교회의 구성원들도 제네바의 한 일원으로서 죄를 범한 경우에 치리법원의 징계에서 면죄되지 않았다.[155] 가장 주목되는 사건은 1550년대 후반에 이탈리아 반(反)삼위일체론자인 마테오 그리발디(Matteo Gribald), 지오바니 젠틸레(Giovanni V. Gentile), 지오르지오 비안드라타(Giorgio Biandrata),[156] 지오바니 알치아티

---

155   Kingdon, Calvin and discipline among French and Italians, 559.
156   지오르지오 비안드라타는 1558년에 폴란드로 이주해 이단 활동을 계속했으며, 1563년에 트란실바니아로 무대를 옮겨 유니테리언주의의 한 창시자가 되었다. (Alexander Gordon, "Blandrata, Giorgio", *Encyclopædia Britannica*. Vol. 4 (11th ed.), (Cambridge University Press, 1911), 40–41.)

(Giovanni P. Alciati) 등이 치리법원(Consistorium)으로부터 재판을 받고 제네바에서 추방되거나 스스로 떠난 것이다. 특별히, 이를 계기로 이탈리아 난민교회는 1558년 5월 18일에 반(反)삼위일체론을 경계하기 위해 교회에 가입하는 사람은 삼위일체 교리에 대한 분명한 신앙고백을 표명해야 한다는 조항을 교회규범에 포함시켰다.[157]

이탈리아 난민교회는 제네바에 있는 신앙난민들을 보호하기 위해 니고데모주의자들과 재세례파들을 경계한 논쟁서들을 보급하였다. 그들의 신앙 유익과 개신교 신앙에 관심이 있는 현지 이탈리아인들을 위해서도 1557년에 깔뱅의 『기독교 강요』와 1560년에 베자의 『신앙고백』을 이탈리아어로 번역하여 출판하였다.[158] 그리고 프랑스 난민공동체가 운영하는 것처럼 이탈리아 난민교회도 집사들에 의해 운영되는 자선기관, 즉 가난한 사람들을 돕기 위해 기부금을 조성하고 설립한 '이탈리아 기금'(Italian Borso)을 통하여 선한 일에 힘썼다. 이 기금은 삶의 터전을 떠나 낯선 제네바에 처음 정착한 사람들, 그리고 제네바에 오랫동안 체류하면서 어려움을 겪고 있는 사람들에게 큰 도움이 되었다.

이탈리아 난민교회에서 가장 잘 알려진 인물은 이탈리아 나폴리 귀족(M. le Marquis, 후작)이자 교황 바오로 4세(Pope Paul IV)의 조카였던 갈레앗조 가라치올로(Galeazzo Garacciolo)이다. 깔뱅과 긴밀히 교류했던 가라치올로는 1555년 11월에 이탈리아 난민 중에서 최초로 제네바 시민권을 획득하였고, 1559년에는 200인 의회의 의원이 되었다. 1561년에 이탈리아 난민교회의 장로로 선출되었고, 1571년에는 제

---

157 맥닐, 『칼빈주의 역사와 성격』, 209-210.
158 E. D. Willis, "To Italian Translations of Beza an Calvin", *in Archiv für Reformationsgeschichte - Archive for Reformation History* 55 (1964), 70-74.

갈레앗조 가라치올로(동판화)

네바 치리법원의 위원으로 활동한 인물이다.[159] 깔뱅은 1566년에 『고린도전서 주석』과 1557년에 이탈리아어로 번역된 『기독교 강요』를 가라치올로에게 헌정하였다.

 이탈리아 신앙난민들 중에 일부는 스위스 동부 지역으로 다시 이주하기도 하였다. 그들 중에는 이탈리아 귀족인 울리오 케사르 파스칼레(Giulio Casare Pascale)도 있었다.[160] 그는 교회규범을 엄격히 실행하는 깔뱅에 대해 노골적인 불만을 나타내며 삼위일체론을 부정했던 미카엘 세르베투스(Michael Servetus)의 화형에 반대한 인물이다.

---

159 Bebedetto Croce, *Galéas Caracciolo marquis de Vico*, (Geneva: Droz, 1965), 63-82.
160 Benedetto Croce, "A Calvinist from Messina: Giulio Cesare Paschali", *Varieties of Literature and Civil History*, (Laterza: Bari 1949), 79-95.

이탈리아 신앙난민들은 처음 유입된 숫자보다 줄었다. 하지만 남아있는 사람들이 세대를 넘어 오랫동안 제네바에 정착하면서 이탈리아 난민교회는 계속 유지되었다.

스페인 난민교회

제네바에는 앞서 언급된 다른 나라들에 비해 상대적으로 숫자가 적은 스페인에서 온 신앙난민들이 있었다. 1550년 중엽부터 1560년 초까지 대략 150명 정도가 정착한 것으로 알려져 있다. 제네바의 스페인 난민교회는 1558년 10월 10일에 설립되었다. 제네바 의회의 승인 아래서 생제르맹 교회(St. Germain Cathedral)에서 예배를 드렸다. 그 교회의 첫 번째 설교자로 후안 페레즈 데 피네다(Juan Perez de Pineda, 1500-1567)가 선출되어 3년 동안 설교하였다. 그는 1530년대부터 개신교 공동체의 본거지라고 할 수 있는 스페인 세비야에서 종교개혁의 열망을 가지고 교회 갱신을 외쳤던 인물이다. 하지만 그의 활동이 발각되면서 종교재판소의 '개신교 사냥'을 피해 1555년에 제네바로 도피했다. 그의 스페인 난민교회의 사역은 제네바에 두 번째로 체류했던 기간(1558-1562년)에 수행된 것이다.

피네다는 1556년 9월에 깔뱅과 동행하여 프랑크푸르트로 가기 전까지 신약성경[161]과 후안 길의 저술들을 스페인어로 번역하고

---

161 이 스페인 신약성경은 후안 페레즈 데 피네다가 프란시스코 데 엔지나스(Francisco de Enzinas)의 번역본을 편집하여 출판한 것이다. 그리고 좀 더 시간이 흘러 이 성경은 치프리아노 데 발레라(Cipriano de Valera)에 의해서 새롭게 개정되었다. 이 개정된 신약성경은 1602년에 구약성경과 합본된 '레이나-발레라 성경'(Reina-Valera Bible)으로 출판되었다. 이 성경은 카시오도로 데 레이나(Casiodoro de Reina)의 '곰 성경'(Bear Bible)의 첫 번째 수정판이라고 할 수 있다. (Ernst Böhmer, "Spanish Reformers of Two Centuries from 1520 - Their Lives and Writings", *Biblioth-*

생제르맹교회

출판하였다. 그리고 이 출판물들을 세비야에 반입시킬 계획을 세웠다. 이는 16세기 개신교 선교활동과 관련하여 가장 대범한 사건이라고 할 수 있다. 특별히, 이 역할을 주도적으로 감당한 인물은 율리안 헤르난데즈(Julián Hernández)이다.[162] 1557년에 키가 작았던 헤르난데즈는 노새로 짐을 옮기는 짐꾼으로 변장하고 제네바로부터 피네다의 신약성경과 저술들을 비밀리에 스페인으로 반입시켰다. 큰 위험을 무릅쓰고 이 출판물들을 스페인에 반입시킨 것은 단순히 상업적인 목적이 아니었다. 스페인 망명자들이 자신의 조국을 향해 종교개혁의 실체를 알리는 신앙의 싸움일 뿐 아니라, 민족의 신앙적 개종을 기대하며 목숨을 담보로 한 헌신이었다.[163] 하지만 같은 해에 밀고자의 신고로 헤르난데즈는 세비야의 종교재판소에 기소되어 3년 동안이나 심문을 받았다. 그리고 1560년 12월 22일 끔찍한 고문으로 뼈가 다 부러진 상태로 다른 개신교도들과 함께 화형을 당하였다.

스페인 신앙난민들은 제네바에서 신앙의 자유를 몸소 경험하고 누렸다. 그들은 더 이상 집 안에 숨어 있지 않아도 되었고, 종교재판을 두려워할 필요도 없었다. 주일에는 아무런 제약을 받지 않고 가족들과 함께 교회에 갔다. 예배 때 자국어로 선포되는 복음 설교를 듣고, 찬양도 마음껏 부를 수 있었다. 집에 돌아와서는 스페인어 성경을 읽으며, 다른 신자들과도 자유롭게 교제하였다.

물론, 모든 스페인 신앙난민들에게 제네바가 만족스러운 것은 아니었다. 1553년 10월 27일 세르베투스가 이단으로 화형당한

---

eca Wiffeniana II. (Straßburg·London: Walter de Gruyter, 1874-1904), 60.)
162　John E. Longhurst, "Julian Hernandez, Protestant Martyr," *in Archiv für Reformationsgeschichte - Archive for Reformation History* 55 (1964), 90—118.
163　몬터, 『칼빈의 제네바』, 255.

제네바에 온 신앙난민들을 묘사한 그림

것 때문에 제네바에 망명해 있던 몇몇 이탈리아인들이 깔뱅을 비난하고 떠났다. 그리고 이 여파가 지속되면서 스페인 신앙난민들 사이에서도 깔뱅에 대한 부정적인 인식이 확산되었다. 그 결과로, 스페인에서 처음 제네바로 건너왔던 카시오도로 데 레이나(Casiodoro de Reina)[164]도 몇몇 사람들과 함께 다른 지역으로 거처를 옮겼다. 세르베투스의 신학적 입장을 받아들이지 않았지만, 그의 처형을 이해할

---

164 카시오도로 데 레이나는 스페인 세비야에서 최초로 종교개혁 사상을 소개했을 뿐 아니라, 특별히 1569년에 성경의 앞표지에 곰이 나무에 매달린 벌집에 다가가려고 애쓰는 그림이 인쇄되어 있어 '곰 성경'(Bear Bible)으로 알려져 있는 신구약 성경을 스페인어로 번역하여 출판하였다. 이 성경은 히브리어와 헬라어 사본을 기초로 스페인어로 번역된 것이다. 레이나는 이 성경을 번역하고 출판하기 위해 12년 동안 준비한 것으로 알려져 있다. 이 '곰 성경'은 1602년에 치프리아노 데 발레라(Cipriano de Valera)에 의해 개정판이 출판되었다.

수 없었던 레이나는 1558년에 자신의 종교적 신념 속에서 제네바가 '새로운 로마'가 되었다고 비난하며 떠난 것으로 알려져 있다.

1560년대 초에 교회의 주요한 지도자들이 떠난 것과 관련하여 대부분의 스페인 신앙난민들은 영국, 플랑드르 등으로 삶의 거처를 옮겼다. 처음 세비야에서 온 22명의 수도사 출신의 사람들만 제네바에 남았다. 그들 중 한 사람이었던 스페인 난민교회의 후안 페레즈 데 피네다 목사는 1561년 중엽에 병환으로 더 이상 설교 사역을 감당할 수 없었다. 그래서 다음 해에 제네바를 떠났다.[165] 결과적으로, 스페인 난민교회는 폐쇄된 것은 아니지만, 1562년에 이탈리아 난민교회에 흡수되어 통합되었다.

(4) 제네바에서 신앙난민들의 활동

1557년에 제네바 정부는 질서유지의 본보기 차원에서 신앙난민들 중에서 중혼한 사람들, 방탕한 생활을 하는 사람들, 이단자들, 부랑자들, 제세례파와 같이 윤리적으로 문제가 있거나 신앙적으로 문제가 있는 사람들을 추방하기도 하였다.[166] 이러한 정책은 제네바 치리법원이 외국에서 온 사람들을 차별하려는 목적으로 시행한 것은 아니다. 윤리적이고 종교적인 문제를 가진 사람들에게 자국

---

165 페레스 데 피네다는 생의 말년(1567)에 프랑스 몽타르제(Montargés) 성에서 박해 받는 개신교도들을 보호해 주었던 르네 드 프랑스(Renée de Franc) - 페라라 공작부인 레나타(Renata)의 궁정 목사로 활동하였다. 그는 죽을 때 스페인 성경의 인쇄비용을 위해 자신의 모든 자산을 남겼는데, 이 일은 카시오도로 데 레이나가 감당하였다.

166 Amédée Roget, *Histoire du peuple de Genève depuis la Réforme jusqu'à l'Escalade*, 7 vols. (GENÈVE: LIBRAIRE- ÉDITEUR, 1883), 49.

민과 동일한 기준으로 치리를 시행한 결과였다.

　　시간의 흐름 속에서 대다수의 신앙난민들이 고국으로 돌아가거나 다른 지역으로 옮겨 가기도 했지만, 일부의 신앙난민들은 제네바에 정착해 사는 것을 희망하였다. 하지만 깔뱅을 지지하는 사람들이 정치적 주도권을 잡기 전까지 외국인들이 제네바에서 시민권을 받는 것은 매우 어려웠다. 그런데 1555년 2월 10일 선거를 통해서 깔뱅의 지지자들이 제네바 정부를 장악하는 정치적 반전이 극적으로 이루어졌다.[167] 이를 계기로 깔뱅이 1541년 작성한 《제네바 교회규범》이 강력한 효력을 발휘하게 되었다. 많은 사람들이 불만을 품었던 이 교회규범에 대해 깔뱅은 끝까지 관심을 가졌다. 이 《제네바 교회규범》을 통해서 그리스도의 통치를 제네바에서 실현하려고 했기 때문이다.[168] 깔뱅은 하나님께서 그리스도의 피흘림을 통하여 우리를 그의 통치 아래 살도록 의도하셨다는 것을 믿었다. 그리스도가 교회뿐 아니라 우리 삶의 전(全) 영역을 다스린다는 분명한 입장을 가졌기 때문이다.[169] 깔뱅은 정치 세력의 변화를 통해서 제네바가 안고 있는 시급한 문제들을 갈등 없이 해결할 수

167　Peter Opitz, *Leben und Werk Johannes Calvins*, (Göttingen: Vandenhoeck & Ruprecht, 2009), 111.
168　깔뱅이 스트라스부르크에서 돌아온 즉시 작성한 《제네바 교회규범》이 제네바에서 정부의 지지 아래서 적용되길 원하였다. 하지만 긴 시간 동안 제네바 의회는 《제네바 교회규범》이 꼭 필요한 것이라고 확신하지 않았다. 이러한 배경 속에서 깔뱅이 1545년 2월 12일에 삐에르 비레(Pierre Viret)에게 보낸 서신에서 이렇게 밝힌 것을 통해서 알 수 있다: "…… 그들[정치인들]은 형식적으로 기독교를 강조할 뿐이며 실제로는 그리스도 없이 통치하려 하기 때문이다." (*Johannes Calvins Lebenswerk in seinen Briefe*, Redolf Schwarz(Ed.) Bd. 1, (Tübingen: Verlag von J. C. Mohr, 1909) (Co 13, 131): "…… Denn unter dem Schein des Christentum wollen sie dich ohne Christus regieren."
169　Bouwsma, John Calvin, 191.

있었다. 대표적으로, 제네바에 정착을 원하는 외국인들이 좀 더 수월하게 시민권을 취득할 수 있도록 조치되었다. 1555년부터 깔뱅이 영원한 안식에 들어간 1년 후인 1565년까지 643명의 신앙난민들이 새로운 제네바 시민이 되었다.[170] 하지만 전체 신앙난민 숫자에 비춰볼 때 시민권을 받은 외국인들은 그렇게 많지 않았다는 것을 알 수 있다. 심지어, 깔뱅도 시민권을 받는 것이 쉽지 않았다. 1559년에 비로소 시민권 취득이 이뤄졌기 때문이다. 깔뱅의 시민권 취득은 그의 종교적이고 정치적인 영향력과 관계가 있을 뿐 아니라, 제네바의 안정과 변화를 확인할 수 있는 중요한 지표이기도 하였다.

종교적 핍박을 피해 유럽의 여러 나라로부터 대량 유입된 신앙난민들은 깔뱅의 생전과 사후에도 제네바의 역사에 많은 영향을 주었다. 여러 나라에서 온 신앙난민들은 제네바에 혼란을 준 측면도 없지 않다. 하지만 그들이 제네바의 정치, 사회, 경제 등에 크게 기여했다는 것도 결코 부인할 수 없다.

먼저, 전체 신앙난민 중에서 비율적으로 매우 적은 숫자이지만, 1559년 이래로 제네바 200인 의회의 의원이나 치리법원의 장로가 되어 정치적으로 영향력을 행사했던 외국인들이 있었다.[171] 대표적으로, 1568년에 200인 의회의 법적인 기능을 개정한 제르망 콜라동(Germanin Colladon),[172] 신앙난민들 중에서 가장 신분이 높은 나폴리 후작인 갈레앗조 가리치올로(Galeazzo Garacciolo), 유명한 인문주의자인 기욤 뷰데(Guillaume Bude), 제네바의 가장 중요한 서적상인 로랑 드 노르망디(Laurent de Normandie) 등을 떠올릴 수 있다. 하지만 외국인들이

170　몬터, 『칼빈의 제네바』, 243.
171　몬터, 『칼빈의 제네바』, 250.
172　맥닐, 『칼빈주의 역사와 성격』, 213.

제네바에서 이보다 더 높은 정부의 직책에는 오를 수 없었다.

다음으로, 제네바 최초의 개신교 설교자들과 교수들은 1532년과 1533년에 프랑스에서 온 난민들이다. 1545년 이래로 깔뱅의 모든 동료 목사들과 제네바 학교(Collège de Genève)에서 한 사람을 제외한 모든 교수들은 신앙난민 출신 외국인들이었다. 1568년에 제네바 아카데미의 교수진에 처음으로 이곳 출신이 청빙되었고, 제네바 목사회는 깔뱅의 사후인 1573년에 이곳 출신의 목사들이 배출되기 시작하였다. 제네바 목사회의 기록에 따르면, 1555년과 1562년 사이에 제네바에서 신학 교육을 마치고 프랑스로 파송된 목사들의 숫자가 88명이었는데 전원 신앙난민들이었다. 다른 기록에서는 파송된 목사가 151명이었다는 사실도 확인할 수 있다. 당시 심한 종교적 박해 속에서 프랑스에서 활동하는 목사의 이름이나 활동지역을 정확히 밝히는 것은 쉽지 않았다. 이러한 상황을 미루어 짐작해 볼 때, 파송된 목사의 숫자를 의도적으로 누락시켰을 것으로 추정된다.[173] 제네바 교회가 프랑스로 목사를 파송한 것은 선교사적으로 큰 의의를 가지고 있다. 프랑스로부터 목사 파송을 요구받았을 때, 깔뱅은 "우리에게 나무를 보내면, 우리는 그것으로 화살을 만들어 보내겠다"고 약속하였다.[174] 프랑스에서 고난받고 있는 신자들을 돌보기 위해 목숨을 걸고 헌신할 수 있는 목사들을 제네바 교회가 길러낸 것이다.

16세기 말에는 거의 모든 목사들과 교수들이 제네바에서 태어나고 성장한 사람들로 구성되었다. 이렇게 볼 때, 초기 제네바 교회에서 신앙난민들의 역할이 얼마나 지대했는지를 미루어 알 수

---

173 Kingdon, *Geneva and the Coming of the Wars of Religion in France 1555-1563*, 56-57.
174 빌헬름 노이저, 『칼뱅』, 김성봉 옮김, (서울: 나눔과 섬김, 2000), 197.

있다. 물론, 그들 중에는 문제가 있는 목사도 있었다. 프랑스 느베르 교구의 주교였다가 개종하여 1561년 깔뱅의 추천으로 샹트르발 드 르아르에서 이수둔(Issoudun) 교회의 목사로 활동했던 쟈크 스피팜 드 부르(Jacques Spifame de Brou)는 제네바로 다시 돌아온 후 1566년 3월 25일에 거짓 결혼과 간첩 혐의로 참수되었다.[175]

목사와 교수 외에 다른 전문적 직업인 의사와 법률가도 제네바 출신보다 외국인이 더 많았다. 신앙난민 출신의 의사로는 제네바에서 가장 유명한 프랑스 리옹의 휠리베르 사라쟝(Philibert Sarrasin), 피에몬테 출신으로 반삼위일체론을 주장하여 1555년에 추방된 조르지오 브란드라타, 1553년 10월 27일에 화형당한 미카엘 세르베투스 등을 꼽을 수 있다. 자신의 고국에서는 의사였지만 망명해 온 제네바에서는 출판업자로 활동한 인물도 있었다.[176] 맨 처음에 3명이었던 외국인 의사가 깔뱅 사후에 8명으로 늘었다. 그리고 신앙난민들 중에 약제사는 1536년과 1569년 사이에 125명 정도였다.[177] 신앙난민 출신의 법률가들은 대부분 프랑스인들로 14명 정도 되었는데, 프랑스 부르주에서 온 제르망 콜라동이 대표적인 인물이다. 그는 깔뱅의 친구였으며, 1559년에 제네바 200인 의회의 의원으로도 선출되었다. 특징적으로, 프랑스와 이탈리아에서 법률가로 활동했던 이탈리아 출신 마테오 그리발디(Matteo Gribaldi)는 반삼위

---

175 파커, 『존 칼빈의 생애와 업적』, 279.
176 네덜란드 귀족이자 프랑스 파리의 고등법원 앞에서 변호사 개업을 했던 장 크레스빵, 프랑스 노용에서 시장까지 지냈던 로망 드 노르망디 등이다. (몬터, 『칼빈의 제네바』, 250.)
177 제약사 중 96명은 이탈리아 출신이고, 26명은 프랑스 출신이었다. 제네바 출신의 제약사는 몇 명되지 않은 것으로 알려져 있다. (몬터, 『칼빈의 제네바』, 250.)

일체를 주장한 것 때문에 제네바에서 영구히 추방되었다.[178]

끝으로, 신앙난민들 중에는 매우 숙련된 수공업자들이 많이 있었다. 첫 번째 직업군은 종교개혁 당시 지적 능력과 자본을 많이 필요로 했던 인쇄업자와 서적상이다. 인쇄업자가 책을 출판하면, 서적상은 그 출판된 책을 국내외로 보급하는 역할을 했기 때문에 두 직군은 서로 떼려야 뗄 수 없는 공생관계나 다름 없었다. 5,000여 명의 신앙난민들 중에 210명 정도가 인쇄업자들과 서적상들이었다.[179] 먼저, 많은 금서(禁書)들을 프랑스에 배포한 로랑드 드 노르망디(Laurent de Normandie),[180] 위그노들이 사용한 『시편 찬송』을 출판하여 프랑스 전역에 소개한 앙뜨완느 방쌍(Antoine Vincent)을 떠올릴 수 있다. 베자의 시집을 출판한 콘라드 바디우스(Conrad Badius), 프랑스 왕실의 출판을 담당했던 로베르 에티엔느(Robert Estienne)도 대표적인 인물들이다. 끝으로, 위그노들의 순교사를 저술하고 출판한 장 크레스빵(Jean Crespin),[181] 베자의 저술을 가장 많이 출판한 유스타세 비뇽(Eustache Vignon)[182]도 매우 유명하였다. 깔뱅 당시 인쇄업과 서적상

---

178 Reinhold Rau, "Matteo Gribaldi in Tübingen", *Alemannisches Jahrbuch 1968/69*, hrsg. v. Alemannischen Institut, 38-87.

179 몬터,『칼빈의 제네바』, 240.

180 노르망디는 많은 금서들을 프랑스로 보급했는데, 특별히 이 역할을 한 사람들이 '성경 행상인들'이다. 이 성경 행상인 중 20여 명은 위그노 순교자들로 알려져 있다. 노르망디가 프랑스에 판매한 책들은 호주머니에 들어갈 수 있도록 대부분 작게 만들었다. (몬터,『칼빈의 제네바』, 262.)

181 Monter, "France: the failure of repression, 1520-1563", 467. 크레스빵은 프랑스에서 일어난 위그노들에 대한 순교를 여러 사람들의 증언들이나 수감자들의 서신들을 통해서 파악하고 정리한 것으로 알려져 있다.

182 Louis-Catherine Silvestre, *Typographic Marks or Collection of Monograms, Numbers, Signs*, (Paris: P. Jannet, 1853), 745. 유스타세 비뇽은 당시 대학교에 다니지 않고도 라틴어, 프랑스어, 네덜란드어, 독일어를 알고 있었다. 제네바 의장이었던 테오도르 드 베자는 1573년에서 1586년까지 쓴 저술들 중 5분의 1에 해당하는 약 50권

앙뜨완느 방쌍의 시편 찬송 표지

장 크레스빵의 출판사 문장

은 개혁파 신학을 유럽 전역에 보급하는 선교적 기능을 감당하였다.[183] 흥미롭게도 모든 인쇄소는 신학서적을 가장 많이 출판하였다. 한 실례로, 1550-1564년에 160판의 깔뱅 저술들이 제네바 인쇄소들을 통해서 유럽 전역에 보급되었다.[184] 그리고 방쌍의 『시편 찬송』은 1562년까지 27,400부가 출판되어 프랑스 전역에 확산되었다.[185]

두 번째 직업군은 다양한 물건들을 취급했던 상인들이다. 그들은 경제적으로 부유했으며, 신앙난민들에게도 많은 도움이 되었다. 프랑스에서 온 포도주 상인인 디디에 루소(Didier Rousseau)와 모직물 상인인 트랑블레(Trambley) 형제, 이탈리아의 모직물 기업인 그랑보테가(Gran Bottegha)를 설립한 루카와 크레모나 출신의 신앙난민들이 대표적이다. 신앙난민들 중에 180명 정도가 상업에 종사한 것으로 알려져 있다. 그들이 취급한 상품들과 그들이 가진 경제적 규모를 정확히 파악하기는 어렵다. 그들의 상업활동에 대한 구체적 기록은 거의 남아 있지 않기 때문이다.

세 번째 신앙난민의 직업군은 제네바 주민등록명부를 확인해 볼 때, 가장 많은 사람들이 수공업에 종사했음을 알 수 있다. 대략 1,540명 정도로 파악된다.[186] 직조, 염색, 표백, 양모 정리 등과 관련

을 비농을 통해서 출판하였다.

183 몬터, 『칼빈의 제네바』, 254.
184 몬터, 『칼빈의 제네바』, 260.
185 방쌍은 프랑스 리용의 위그노 교회의 발전에도 적극적으로 참여하였다. 하지만 그는 1567년에 체포되어 전 재산을 몰수당했다. 그는 같은 해 5월 2일에 유언을 남기고 며칠 후에 사망한 것으로 알려져 있다. (Droz Eugénie, 1957, "Antoine Vincent. La Propagande protestante par le psautier", *Aspects de la propagande religieuse (1957)*, 276-293.)
186 몬터, 『칼빈의 제네바』, 257-8.

된 직물업에 700명 정도가 종사하였다. 가죽을 다루고 구두를 만드는 사람들이 260명 정도였고, 건축과 나무를 다루는 목수들이 250명 정도 되었다. 230명 정도의 사람들은 섬세한 기술을 가진 금속 세공인들이었다. 100명 정도의 사람들은 정육점과 빵 만드는 일에 종사했는데, 당시 제네바뿐 아니라 유럽 전역에서 흔히 볼 수 있는 평범한 직업들이었다.

이렇게 다양한 직업군에 속한 숙련된 사람들은 제네바 경제에 크게 기여하였다. 풍부한 노동력을 제공하고 지역 활성화에도 도움이 되었다. 그럼으로써 스위스의 다른 지역들에 비해 제네바는 안정된 경제력과 기술경쟁력을 갖게 되었다. 신앙난민들의 유입과 관련하여 모든 경제적 상황을 분석적으로 파악할 수는 없지만, 1540년대부터 16세기 말까지 제네바의 경제발전에 결정적 역할을 했다는 사실은 부인할 수 없다.[187] 의심의 여지 없이, 깔뱅 당시 제네바는 종교적인 면에서나 경제적인 면에서 많은 외국인들이 희망을 품고 들어오는 도시였다. 대표적으로, 스코틀랜드의 신앙난민이었던 존 녹스는 이를 분명하게 보여 준다. 그는 1556년 12월 9일 잉글랜드의 개신교도였던 앤 로크(Anne Locke)에게 메리 여왕을 피해 제네바로 올 것을 권면하며 쓴 자신의 서신에서 제네바를 다음과 같이 평가하였다:

> 저는 제네바가 사도시대 이래로 지상에 있는 그리스도의 가장 완벽한 학교라고 말하는 것을 두려워하거나 부끄러워하지 않습니다. 다

---

[187] Water Bodmer, "Der Einfuss der Refugianteneinwanderung von 1550-1700 auf die Schweizerische Wirtschaft", *Zeitschrift für schweizerische Geschichte (3)*, (Zürich, 1946), 42-44.

른 지역에서도 그리스도가 참되게 선포되고 있다고 고백하지만, 삶의 품위와 종교가 그렇게 진지하게 개혁된 것을 나는 아직까지 다른 지역에서는 보지 못했습니다.[188]

제네바는 신앙난민들을 위한 자유 공간이었고, 참된 종교를 위한 거룩한 공간이었다. 그들이 제네바에 온 이유는 신앙의 자유와 하나님의 형상대로 지음 받은 인간의 존엄과 관련하여 16세기 유럽 사회에서 가장 사랑받는 지역이었기 때문이었다.

물론, 모든 신앙난민들에게 제네바 체류가 다 좋았다는 의미는 아니다. 제네바 교회와 목사들이 매우 이상적이었다는 것도 아니다. 하지만 제네바는 깔뱅이 강조한 것처럼 참되고 신실한 목사의 직무 아래서 신자들이 요람에서 무덤까지 목회적 돌봄이 이루어진 곳이었다. 바른 신앙과 경건을 배양하기 위해 교회 차원의 다양한 헌신과 함께 각 신자를 상대로 가르치고 권면하며 위로하는 사역이 모든 목사들로부터 신실하게 수행되었기 때문이다. 제네바

---

[188] 존 녹스가 1556년 12월 9일 앤 로크에게 쓴 서신: "I neither fear nor am ashamed to say [that Geneva] is the most perfect school of Christ that ever was in earth since the days of the Apostles. In other places, I confess Christ to be truly preached, but manners and religion so sincerely reformed, I have not yet seen in any other place." 앤 로크는 아버지의 관심 속에서 유능한 가정교사를 통해서 다양한 언어(라틴어, 독일어, 프랑스어)와 학문을 배운 잉글랜드의 여성 시인, 번역가, 개혁파 신앙을 추구했던 신자였다. 그녀는 1557년 5월 8일에 딸, 아들, 하녀와 함께 제네바에 왔다. 그리고 18개월 동안 제네바에서 난민생활을 하면서 깔뱅의 『히스기야 설교』를 프랑스어에서 영어로 번역한 것으로 알려져 있다. 그녀는 1559년에 잉글랜드로 돌아왔고, 1560년에 영어로 번역된 깔뱅의 이사야서 38장에 대한 설교, 시편 51편을 21개 소네트(sonnet)로 의역한 것, 서퍽(Suffolk) 공작의 부인 카트린 윌로우비 브렌던 베티(Katherine Willoughby Brandon Bertie)에 쓴 헌정사가 포함된 『참회하는 죄인의 묵상』를 출판하였다. 원본 제목: Anne Locke, *A Meditation of a Penitent Sinner: Sonnet Sequence with Locke's Epistle*, (Loden: John Day, 1560).

는 부패한 로마가톨릭교회로부터 개혁된 교회의 한 모범을 경험할 수 있는 도시였다고 할 수 있다.[189] 박해를 피해 개신교도들이 자발적으로 제네바를 찾아온 것은 단순히 삶의 평안함을 위한 것이 아니었다. 오히려, 복음 설교를 듣고 신앙적으로 제대로 세워져서 하나님의 뜻에 따라서 살기를 기대했기 때문이었다. 제네바는 이 기대에 가장 부합하는 종교개혁 도시 중에 한 곳이었다.

16세기 종교개혁 시대에 제네바에서 활동했던 대부분의 목사들은 프랑스 신앙난민들이었다. 그들은 로마가톨릭교회의 박해 속에서도 분명한 소명을 가지고 개혁된 교회를 섬겼다.[190] 이러한 배경을 가진 제네바 목사회는 모든 세대를 신앙적으로 가르쳤다. 믿음의 가정들을 심방하고, 병든 자들을 위문하며, 죽어가는 사람들을 위로하였다. 그리고 제네바 치리법원은 죄에 대한 회개, 관계 회복, 신앙의 바른 이해, 영적 성장 등이 이루어질 수 있도록 치료책(권징)을 사용하여 경건한 삶이 유지되도록 하였다. 제네바 교회는 이러한 목회적 돌봄 아래서 하나님의 말씀을 강조하면서도 사람을 소외시키지 않았으며, 자국민과 외국인을 차별하지 않았다. 프랑스 난민공동체와 잉글랜드, 이탈리아, 스페인 난민교회들이 제네바에 세워졌을지라도, 모든 신앙난민들은 그곳 사회공동체의 일원일 뿐 아니라, 신앙공동체의 일원으로 간주 되었기 때문이다. 유럽의 신앙난민들이 제네바로 자유롭게 들어올 수 있었고, 그 도시에서의 생활이 그다지 낯설지 않았던 것은 이러한 이유와 결코 무관하지 않다.

---

189 Scott M. Manetsch, *Calvin's Company of Pastors: Pastoral Care and the Emerging Reformed Church, 1536-1609*, (New York: Oxford University Press, 2013), 256.

190 Manetsch, *Calvin's Company of Pastors: Pastoral Care and the Emerging Reformed Church, 1536-1609*, 300.

(5) 신앙난민이 교훈하는 것 – '하나님의 영광'

종교개혁 당시 고난 받는 사람들을 위해 헌신했던 깔뱅은 개신교도들이 투옥되거나 살해당하며, 낯선 나라로 내몰렸던 박해를 하나님의 섭리와 분리해서 이해하지 않았다. 오히려, 하나님은 "많은 곳에서 자기 백성들이 고난을 받기 원하셨다"고 강조하였다.[191] 그러면서 깔뱅은 신자들에게 "이유 없는 고난은 없다"고 밝혔다.

깔뱅에게 고난은 일생을 통해서 자신을 부인하는 삶을 살도록 하는 훈련이었다. 그리고 모든 일과 사건 속에서 하나님을 의지하도록 섭리 가운데 허락된 연단이기도 하였다. 하나님은 자기의 백성을 환란을 통하여 단련시키실 뿐 아니라, 그들이 단련되었는지 알아보기 위해서 금덩어리를 제련하듯 용광로에 집어넣으시기 때문이다.[192] 삶의 형편이 어떠하든 하나님이 기뻐하시는 것에 마음을 두며, 그 길을 신실하게 걷는 사람이 참된 구원의 신자임을 드러내시려는 의도를 담고 있다.[193] 이 땅에서 사는 삶 자체가 신자들에게 궁극적인 목적이 아니기 때문이다. 우리의 일시적인 삶, 즉 이 세상에서 그림자에 불과한 삶보다 하나님의 영광이 더 귀중한 목적이다.[194] 우리의 의지와 상관없이 하나님으로부터 주어진 것이기 때문에 삶의 조건을 가지고 하나님의 뜻과 은혜를 판단할 수

---

191 Bouwsma, *John Calvin*, 184.
192 Bouwsma, *John Calvin*, 184.
193 요한 칼뱅, 『신도의 처신』(1543), 칼뱅작품선집 V권, 박건택 편역, (서울: 총신대학교출판부, 1998), 4: "그런데 모든 어려움이 우리가 항상 하나님을 기쁘게 하기보다는 우리를 세상의 은총 속에 보존시키려는 데서 비롯되기 때문에, 나는 각 신도가 자신의 애정을 다해서 주인의 뜻에 순종하는 자가 되라고 예수 그리스도의 이름으로 권면한다."
194 칼뱅, 『신도의 처신』, 50.

없다. 그래서 깔뱅은 우리의 삶을 '예수 그리스도의 학교'에서 배우는 시간이라고 규정하였다.[195] 하나님께 합당한 영광을 돌리기 위해 훈련과 연단을 받는 긴 시간의 과정으로 삶을 이해한 것이다.

우리의 삶, 즉 우리가 살고 죽는 문제보다 더 중요한 것은 하나님의 영광을 위해 그분의 뜻에 관심을 두는 것이다. 인생의 운명이 하나님의 손에 있기 때문에, 그분의 말씀에 순종하며 사는 것이 신자의 본문이다. 그래서 깔뱅은 "우리가 사람들 앞에서 그분을 부끄러워하면, 그분도 하나님의 천사들과 함께 위엄으로 올 때에 우리를 부끄러워하리라"(눅 9:26)는 주님의 말씀에 근거하여 다음과 같이 권면하였다:[196]

> 그러므로 이처럼 우리 주님은 우리가 은밀하게 우리 마음속에서 그분을 인정한다면, 그것만으로 만족하지 않으신다. 오히려, 그분은 우리가 그분의 것이라는 것을 외적 고백을 통해서 모든 사람들 앞에서 선언하기를 엄중하게 요구하신다. 그리고 그분은 이러한 조건 외에는 우리에게 그의 나라를 결코 보증하시지 않는다.

이렇게 볼 때, 바른 신앙과 바른 교회를 추구한 것 때문에 종교적 박해를 받으며, 가진 모든 것을 잃거나 생명의 위험을 무릅써야 하는 삶을 살게 될지라도, 참된 신자는 하나님이 기뻐하신 뜻에 관심을 두어야 한다. 그리고 모든 일의 결과는 오직 하나님의 거룩한 섭리에 맡기며, 그분의 뜻에 순종하는 길을 걸어야 하는 것이다. 타락한 인간의 구원을 위해 천상의 영광을 버리신 예수 그리

---

195 칼뱅, 『신도의 처신』, 4.
196 칼뱅, 『신도의 처신』, 7.

스도 안에서 고난 없이는 영광도 없다. 모든 신자는 마땅히 마음과 영적 경건뿐 아니라, 외적 증거를 통해서도 하나님께 합당한 영광을 돌려야 한다. 참된 믿음은 우리가 마음으로 믿는 진리를 외적 삶과 결속시키기 때문이다.[197]

비록 종교개혁 시대의 로마가톨릭교회 지배 아래서와 같은 박해는 아니지만, 오늘을 살아가는 믿음의 사람들도 온갖 우상과 불신앙의 유혹이 난무하는 현실 속에서 신앙의 싸움을 하며 살아가고 있다. 이와 관련하여 종교개혁 시대에 투옥되고, 죽임을 당하며, 유리하면서도 신앙을 지켰던 신자들의 강인함은 어떤 현실에서도 신앙으로 삶을 살아낸 거룩한 자태를 우리에게 교훈한다. 성경이 말하는 참된 신앙은 어떤 고난의 상황에서도 자신의 인간적 면모를 위장하거나 왜곡시키지 않는다. 신앙의 본질은 어제나 오늘이나 항상 동일하며, 어떤 상황에서도 바뀔 수 없다. 그러므로 깔뱅은 신자들이 일생을 통해서 경험하는 중생의 목표를 다음과 같이 설명하였다:

> 중생의 목표는 신자들로 하여금 하나님의 의(義)와 조화를 이루고, 일치하는 삶을 살도록 하여, 그들이 하나님의 양자(養子)가 된 사실을 분명히 드러내도록 하는 데 있다.[198]

만일 인간이 인격적 존재가 아닌 긴 줄에 의해 조종되는 목각인형(마리오네트)과 같다고 한다면, 중생의 목표는 필요 없을 것이다.

---

[197] 요한 칼뱅, 『다른 서신』, 칼뱅작품선집 V권, 박건택 편역, (서울: 총신대학교출판부, 1998), 53.
[198] 존 칼빈, 『그리스도인의 삶』, 원광연 역, (서울: 크리스챤다이제스트, 2001), 9.

인간이 타락했음에도 불구하고, 인간에게는 하나님의 형상이 희미하게 남아있다. 더욱이, 중생한 신자라고 할 때, 예수 그리스도의 대속사역에 근거한 구원의 은택이 성령에 의해 주어진 것과 관련하여 중생의 목표는 하나님 앞에서 어떻게 살 것인가에 대한 구원 받은 신자들의 합당한 반응이다. 성령께서 우리를 하나님께 성전(聖殿)으로 드렸기 때문에, 우리는 하나님의 영광을 밝히 드러내도록 최선을 다해야 하며, 죄의 더러움에 물들지 않도록 살피며 사는 것이 마땅하다. 우리의 영혼과 육체가 장차 하늘에 속한 썩지 않는 영광에 들어가서 쇠하여지지 않는 빛난 면류관을 쓰게 될 것이므로, 주님의 날까지 우리는 영혼과 육체를 순결한 상태로 유지하도록 힘써 노력하며 살아야 한다.

그러므로 하나님의 은혜로 받은 구원은 종교적 외형만 가진 태도나 적당히 세속과 타협하며 사는 신앙생활을 용납하지 않는다. 참된 믿음은 죽음 앞에서도 하나님의 뜻에 관심을 가지고 하나님의 영광을 위해 생명도 기꺼이 버릴 수 있는 삶의 자세를 요구한다. 그렇다고 해도 하나님을 바르게 섬기려는 사람에게 있어서 연약함이나 흠이 없다고 말하지 않는다. 왜냐하면 하나님의 말씀대로 거룩함을 추구하고 온전한 삶을 살기 위해 노력하여도 죄를 짓지 않을 수 있는 사람은 이 땅에 없기 때문이다. 참된 믿음은 죄를 짓지 않는 삶을 의미하지 않는다. 오히려, 어떤 삶의 현실 속에서도 하나님의 자녀로 살기 위해 신앙적 싸움을 포기하지 않는 것을 의미한다. 설령 손해를 보고, 수치를 당하며, 외로움에 처할지라도, 하나님이 싫어하는 잘못된 것을 돌이키며 사는 것이다. 그리고 고난을 당하고, 소유를 빼앗기며, 생명을 잃게 될지라도, 올바른 일에 헌신하기 위해 하나님의 도우심을 구하는 삶을 살아가는 것이다. 깔뱅은 다음과 같이 밝혔다:

> 각자가 하나님을 순수하게 섬기는 데 동의한다면 무슨 일이 생길까?
> ……, 만일 하나님이 기뻐하신다면, 많은 박해가 뒤따라올 수도 있을
> 것이다. 그리하여 어떤 이들은 재산을 모두 버리고 도망하지 않을 수
> 없고, 다른 이들은 조롱받을 것이다. 어떤 이들은 감옥에 가고, 다른
> 이들은 추방당하며, 심지어 목숨을 잃는 이들도 있을 것이다.[199]

현재와 미래에도 하나님의 진리에 감화된 신자들은 삶 속에서 이를 위해 실천하며 헌신할 것이다. 우리가 하나님께 드려졌으므로 어떤 대가를 치르더라도, 그분의 영광을 위한 것이 아니면 생각하지 않고, 말하지 않으며, 행동하지 않을 것이다. 종교개혁 시대에 로마가톨릭교회의 박해 아래서 모든 것을 잃고 투옥되었던 신자들, 목숨을 잃었던 신자들, 신앙난민이 되어 낯선 땅에서 유리하며 살았던 신자들은 이러한 삶의 자태로 살아냈다. 당연히, 오늘날에도 하나님을 순수하게 섬기는 신자들은 종교개혁 당시 신자들처럼 이 시대의 빛으로 살아갈 것이다.

---

199 칼뱅, 『신도의 처신』, 43.

타오르는 믿음, 재가 된 시대

왈도파 교회와 종교개혁 당시 개신교 박해의 역사

2025년 10월 01일 초판 인쇄
2025년 10월 20일 초판 발행

지은이 에미디오 캄피(Emidio Campi) · 박상봉
옮긴이 박상봉 · 김진수 · 이남규

펴낸이 정영오
펴낸곳 크리스천르네상스
출판등록 제2019-000004호(2019. 1. 31)
주소 경기도 안산시 단원구 와동로 5길 3, 301호(와동, 대명하이빌)
표지디자인 디자인집(02-521-1474)

© 에미디오 캄피 · 박상봉, 2025

※ 신저작권법에 의하여 한국 내에서 보호받는 저작물이므로 무단 전재와 무단 복제를 금합니다.
※ 잘못된 책은 구입처에서 교환하여 드립니다.

ISBN 979-11-94012-13-9(03230)

값 20,000원